ELENA VOGT

Beziehungswerkstatt - Liebe reparieren

Das 1x1 für eine glückliche Beziehung: Entdecke effektive Tools aus der Paarberatung für eine bessere Kommunikation, mehr Nähe und starkes Vertrauen.

W0214856

MIRELL VERLAG

Copyright 2023

1. Auflage
ISBN: 978-3-9519965-0-9

Alle Rechte vorbehalten. Nachdruck, auch auszugsweise, nicht gestattet.

www.mirell.at

Beziehungs WERKSTATT

Hinweis:

Es ist möglich, dass einige Absätze im Buch in verschiedenen Kapiteln ähnlich erscheinen. Sollten jedoch nur bestimmte Kapitel für dich von Interesse sein, sind diese Informationen wichtig.

In diesem Buch wurde bewusst auf das Gendern verzichtet, um eine flüssige und unkomplizierte Lesbarkeit zu gewährleisten. Bitte fühle dich zu jeder Zeit und unabhängig von deinem Geschlecht angesprochen.

INHALTSVERZEICHNIS

VORWORT 9

1. ZWEI WELTEN EIN SCHICKSAL - DER BEGINN 13

Wenn Schmetterlinge im Bauch auf den Alltagstrott treffen 14

- Reise durch die 5 Phasen der Liebe 15
- Übungen 22
  - Beziehungsradar 22
  - Entdecke deine Ideale 26
  - Smarte Ziele 28
  - Träum ein bisschen 30
  - Die 6 Grundbedürfnisse 32

2. DIE ACHTERBAHN DER BEZIEHUNGSDYNAMIK 35

Nähe, Distanz und die Geheimnisse einer glücklichen Beziehung 36

Bindungstypen - Warum manche Beziehungen wie ein Feuerwerk enden 37

- Welcher Bindungstyp bist du? 44

Wertschätzung und Dankbarkeit 46

Der Einfluss unserer Vorfahren: Warum wir manchmal so ticken, wie wir ticken 48

- Familiäre Prägung 49
- Erkenne deine Prägung und Verhaltensmuster 50
- Reise durch die Generationen 54
- Familiäre Traditionen und Werte 56
- Die Macht der Kindheit 57

3. Reden ist Silber, Schweigen ist Gold 61

Die Kunst der Kommunikation: Wie Dialoge Beziehungen stärken und Konflikte lösen 62

- Achtsam kommunizieren 63
- Sprichst du Französisch, oder was? Die Sprachen der Liebe 64
- Ideenschatz-Technik 68

Streitkultur statt Konfliktvermeidung: Echte Gladiatoren kämpfen fair 72

- Der Schaden ist schon da. Was tun? 73
- Die 5 Konfliktschleifen: Wenn sich das Drama immer wiederholt 74
- Die Kunst Kompromisse zu schließen 81
- Streitschlichtung für Fortgeschrittene 85
- Übung Herzensbrücke 88
- Übung 5:1 Methode 90

4. Vertrauen der Kitt, der eure Beziehung zusammenhält.. 93

Vertrauen als Fundament 94

- Ohne Vertrauen geht gar nichts.............................. 94
- Bröckelnde Fassade? 97
- Von Geheimnissen und Eifersucht 99

5. Krisenbewältigung in der Beziehung 107

Wenn der Haussegen schief hängt 108

Vom Fremdgehen und Vertrauensbruch: Warum es passiert und wie du es schaffst zu verzeihen 112

- Gestärkt aus der Krise - aus Schaden klug werden .. 121
- Die 4 apokalyptischen Reiter 122
- Wenn alles ausweglos erscheint 125

- Krisenfestigkeit trainieren 128
- Konfliktlösung: Die R.E.S.T-Methode 130

6. Liebe dich selbst 133

Die Kraft der Selbstliebe 134

- die 4 größten Hindernisse 135
- Du bringst immer dich selbst mit 140
- Erkenne dich selbst 142
- 6 Säulen des Selbstwertgefühls 144
- Strategien für die praktische Anwendung 146

7. Sexualität & Intimität 149

Der Spaßfaktor im Bett und darüber hinaus 150

- Von Schmetterlingen im Bauch bis zum Höhepunkt: 150
- Wenn die Lust schläft 151
- Aktive Schritte zur Verwirklichung 154

8. Die Liebe & das Geld 157

Gemeinsam in finanzielle Sicherheit 158

- Meins, deins, unseres. Schatz, wer zahlt heute? .. 159
- Liebe oder Geld? 160

9. Date-Ideen & Gespräche 167

Wenn der Alltag die Liebe herausfordert: Fixe Dates als Rettungsanker 168

Unterhaltungen in intensive Momente verwandeln.... 176

10. Schlusswort 183

VORWORT

Willkommen in der "Beziehungswerkstatt", deinem einzigartigen Wegbegleiter zur Entwicklung und Stärkung deiner Partnerschaft! Dieses Buch ist weit mehr als ein herkömmlicher Ratgeber - es ist ein wertvolles Werkzeug, das dir hilft, deine Liebe zu pflegen und wachsen zu lassen. Es bedarf keiner Erklärung, dass eine ausgeglichene Beziehung nicht einfach so entsteht, sondern kontinuierliche Pflege, Aufmerksamkeit und Hingabe erfordert, ähnlich einer zarten Pflanze, die blüht, wenn man sie hegt und pflegt.

Ganz gleich, ob man sich in den ersten Tagen einer neuen Beziehung befindet oder bereits eine lange Liebesreise hinter sich hat, die "Beziehungswerkstatt" bietet verlässliche Unterstützung. Das Buch steckt voller praktischer Anleitungen, Übungen und Denkanstöße, um die Partnerschaft zu stärken und das Feuer der Liebe am Brennen zu halten.

Wir alle kennen die euphorische Phase der Verliebtheit, in der wir die Welt umarmen könnten und der geliebte Mensch der Mittelpunkt unseres Universums ist. Aber wie jede Jahreszeit hat auch diese ihre begrenzte Dauer und der Alltag holt uns früher oder später wieder ein. In dieser Zeit ist es wichtig, proaktiv an der Beziehung zu arbeiten.

Dieses Buch ist so aufgebaut, dass du es allein oder mit deinem Partner durcharbeiten kannst. Jedes Kapitel, jede Übung und jeder Ratschlag zielt darauf ab, dir ein tieferes Verständnis der Beziehungsdynamik zu vermitteln und dir konkrete Werkzeuge an die Hand zu geben, mit denen du deine Beziehung verbessern kannst. Die Inhalte sind klar und praxisorientiert, so dass sie leicht in den Alltag integriert werden können.

Mach dich bereit für eine faszinierende Reise, um deine Liebe zu entdecken und zu optimieren. In der "Beziehungswerkstatt" findest du viele Übungen, Infos und Impulse, um deine Beziehung zu reparieren, zu stärken und zu verfeinern. Du wirst überrascht sein, wie viel Potenzial in ihr steckt.

DAS
KENNENLERNEN
IST WIE EIN TANZ.
MAN MUSS DEN RICHTIGEN
RHYTHMUS FINDEN,
UM ZUSAMMEN IN HARMONIE
ZU SCHWINGEN.

- ERNEST HEMINGWAY -

love

1.

ZWEI WELTEN, EIN SCHICKSAL

DER BEGINN

WENN SCHMETTERLINGE IM BAUCH AUF DEN ALLTAGSTROTT TREFFEN - EINE LIEBESGESCHICHTE BEGINNT

Es ist ein Gefühl, das uns alle einmal überkommt - die Schmetterlinge im Bauch und das Kribbeln in der Magengegend, wenn wir jemanden treffen, der unser Herz höherschlagen lässt. Plötzlich scheint alles um uns herum unwichtig und wir tauchen ein in eine Welt voller Aufregung und neuer Entdeckungen. Eine Liebesgeschichte beginnt.

Doch in dieser aufregenden Zeit des Kennenlernens kollidieren unsere Gefühle oft mit dem harten Alltag. Wir müssen mit Arbeit, Stress und Verpflichtungen zurechtkommen und versuchen gleichzeitig, uns dem Menschen zu öffnen, den wir lieben. Dieser Herausforderung, ist nicht jeder gewachsen, aber wenn wir gemeinsam durch diese schwierige Phase navigieren, können wir zu einem tieferen Verständnis und einer stärkeren Bindung mit unserem Partner gelangen.

REISE DURCH DIE 5 PHASEN DER BEZIEHUNG

Während dieser Reise durchlaufen wir die fünf Phasen der Liebe: Romantikphase, Ernüchterungsphase, Phase des Machtkampfes, Stabilitätsphase, Verpflichtungsphase und Co-Creation- oder Glückseligkeitsphase. Um eine glückliche Beziehung aufzubauen, ist es wichtig zu verstehen, dass jedes Paar diese Phasen durchlaufen muss. Jede Phase hat ihre eigenen Herausforderungen und Chancen, die es zu meistern gilt, um eine starke und glückliche Beziehung aufzubauen. Indem man sich dieser Phasen bewusst ist, kann man besser auf die Bedürfnisse des Partners eingehen und gemeinsam daran arbeiten, eine starke Verbindung aufzubauen.

1. ROMANTIKPHASE – VERLIEBTHEITSPHASE

Die erste Verliebtheitsphase erinnert an einen Hollywoodfilm. Zwei Menschen verlieben sich auf den ersten Blick, schließen die Augen, die Musik wird dramatisch und sie küssen sich. Auch wenn viele von dieser Darstellung fasziniert und verzaubert sind – so einfach ist die Liebe nicht. Wie vieles im Leben ist auch diese Beziehungsphase nur von kurzer Dauer.

Wir haben Schmetterlinge im Bauch und konzentrieren uns ganz auf unsere neue Liebe. Wir sehen die Welt durch eine rosarote Brille und schweben auf Wolke 7. Voller Tatendrang freuen wir uns auf jede neue Begegnung und können es kaum erwarten, unseren geliebten Partner wieder in die Arme zu schließen. Wir sind inspiriert, sinnlich und denken an nichts anderes mehr. Wir denken, dass es immer so sein wird, aber leider ist es nicht so. Die Wissenschaft erklärt dies mit der Verdrahtung unseres Gehirns, das aus oberflächlichen Merk-

IMPULS:
Gibt es etwas aus den ersten Tagen eurer Partnerschaft, das du gerne wieder aufleben lassen würdest?

malen schnell Schlüsse zieht. Auch wenn es nicht auf alle Paare zutrifft, ist in dieser Phase der Beziehung meist die körperliche Anziehung die treibende Kraft. Sie wird von unseren Hormonen Östrogen und Testosteron angetrieben. Nach etwa 3 bis 18 Monaten endet die Verliebtheitsphase und für viele Beziehungen bedeutet das auch das Aus. Doch wer an diesem Punkt aufgibt, wird nie erfahren, welche wunderbaren Möglichkeiten in einer Partnerschaft stecken. Es ist normal, in Panik zu geraten, wenn das Gefühl der Schmetterlinge im Bauch verschwindet. Aber gerade dann darf man nicht aufgeben, denn am Ende des Weges wartet die wahre, tiefe Liebesbeziehung. Es ist wichtig zu verstehen, dass diese Phase nur der Anfang ist und dass wir auch mit Schwierigkeiten und Herausforderungen konfrontiert werden.

2. ERNÜCHTERUNGSPHASE

In der zweiten Phase einer Beziehung, die auf die Verliebtheitsphase folgt, lernen wir den Partner langsam besser kennen. Die rosarote Brille, die uns in der ersten Phase dazu verleitet hat, nur das Schöne und Gute an unserem Gegenüber zu sehen, weicht langsam der Realität. Wir erkennen, dass auch unser Partner Fehler und Schwächen hat und nicht alles perfekt ist. Das kann zu Enttäuschung und Ernüchterung führen, aber auch zu einer tieferen und realistischeren Beziehung.

Es ist wichtig, in dieser Phase nicht aufzugeben und nicht vorschnell zu urteilen, denn auch wenn wir Unterschiede und Schwächen erkennen, gibt es immer noch das Verbindende und das, was uns an unserem Partner fasziniert und ihn liebenswert macht. Wir sollten versuchen, uns auf die positiven Seiten der Beziehung zu konzentrieren und die Unterschiede zu akzeptieren. Die extreme Aufmerksamkeit, die sich die Verliebten in der ersten Phase geschenkt haben, lässt langsam nach und es entsteht wieder mehr Raum für eigene Interessen.

Gleichzeitig lassen die anfängliche Euphorie und das Bedürfnis nach, dem Partner jeden Wunsch von den Augen abzulesen. Es ist wichtig, ehrlich und offen mit dem Partner umzugehen und auch eigene Schwächen einzugestehen. In dieser Phase kann man sich noch einmal richtig kennenlernen und herausfinden, ob aus der anfänglichen Verliebtheit mehr werden kann. Wir sollten versuchen, einander zu akzeptieren, auch wenn der andere nicht perfekt ist, denn genau darin liegt die Herausforderung einer Beziehung - den anderen mit all seinen Stärken und Schwächen zu akzeptieren.

Insgesamt ist die zweite Phase einer Beziehung eine wichtige und spannende Zeit, in der wir uns besser kennen lernen und uns den Herausforderungen einer gemeinsamen Zukunft stellen. Es ist eine Zeit der Veränderung und Entwicklung, die uns die Chance gibt, eine tiefere und erfülltere Beziehung aufzubauen.

3. DIE MACHTKAMPFPHASE - DAS KRÄFTEMESSEN BEGINNT!

Die dritte Phase einer Beziehung wird auch als Machtkampfphase bezeichnet. Die Verliebtheit ist vorbei, die rosarote Brille längst abgenommen. Man sieht sich, wie man wirklich ist, und auch die unangenehmen Seiten werden wahrgenommen. Es kann zu Enttäuschungen, Verletzungen und Streit kommen. Jeder versucht nun, seine Interessen durchzusetzen und seine Position in der Beziehung zu stärken. Dabei geht es oft um Macht und Kontrolle, darum, wer in der Beziehung das Sagen hat, was gemacht wird und wie. Es entsteht ein Kräftemessen, das anstrengend und belastend sein kann. Manchmal geht es gar nicht darum, eine Lösung zu finden, sondern darum, wer Recht hat und wer nicht.

Aber auch diese Phase ist wichtig, auch wenn sie nicht so angenehm erscheint. Hier kann man lernen, füreinander und für die Beziehung zu kämpfen. Unterschiede müssen akzeptiert und ein Umgang miteinander gefunden werden. Paare müssen lernen, Kompromisse zu schließen und gemeinsam Entscheidungen zu treffen. Die Beziehung wächst mit den Konflikten, die ausgetragen, und den Lösungen, die gefunden werden. Das erfordert unter anderem Geduld, Verständnis und Einfühlungsvermögen. Es ist eine lohnende Herausforderung. Wenn du es schaffst, diese Phase gemeinsam mit deinem Partner zu meistern, gehen beide gestärkt daraus hervor und können auf eine andere Ebene übergehen.
Man sollte nie vergessen, dass man im selben Team spielt und das gleiche Ziel hat: eine glückliche Beziehung.

4. STABILISIERUNGSPHASE – AUFBAU EINER TIEFEREN VERBINDUNG

In der Stabilisierungsphase beginnt eine tiefere Bindung zwischen dir und deinem Partner. Ihr habt jetzt eine Basis, auf der eure Beziehung aufbauen kann. Du kennst deinen Partner jetzt sehr gut und verstehst seine Bedürfnisse und Wünsche. Dadurch wird die Kommunikation zwischen euch einfacher und es gibt weniger Konflikte und Streit. Jetzt geht es darum, eure Beziehung zu festigen und zu vertiefen. Kompromisse werden geschlossen und ihr versucht, euch gegenseitig zu unterstützen. Jetzt könnt ihr langfristige Pläne schmieden und euch gemeinsame Ziele setzen.

Das bedeutet auch, dass ihr bereit seid, Verantwortung für eure Handlungen und Entscheidungen zu übernehmen und euch auf ein gemeinsames Ziel zu konzentrieren. Als Team zu agieren und sich aufeinander zu verlassen, ist der Schlüssel, um das Leben gemeinsam zu meistern. Du und dein Partner werdet die Intimität und Nähe genießen, die ihr in dieser Phase entwickelt, und sie wird euch helfen, eure Beziehung zu vertiefen. Es ist eine aufregende Zeit, in der ihr gemeinsam in die Zukunft blicken und euch auf das konzentrieren könnt, was wirklich wichtig ist.

5. CO-CREATION- ODER GLÜCKSELIGKEITSPHASE

In dieser Phase sind eine tiefe Verbundenheit und Vertrautheit miteinander intensiv spürbar. Das Verständnis füreinander ermöglicht es, intuitiv auf die Bedürfnisse und Wünsche des anderen einzugehen und gemeinsam Pläne für die Zukunft zu schmieden, sei es eine gemeinsame Familie oder finanzielle Ziele. Die gemeinsame Arbeit an der Verwirklichung dieser Ziele und Wünsche stärkt das Zusammengehörigkeitsgefühl und die Partnerschaft. Oft wird auch eine tiefere Ebene der Intimität erlebt. Durch das Kennenlernen des Partners auf emotionaler und körperlicher Ebene ist man in der Lage, sich gegenseitig tiefgehend zu unterstützen und offen und ehrlich miteinander zu kommunizieren.

DIE REISE
DURCH DIE
BEZIEHUNGSPHASEN
IST NICHT IMMER
EINFACH, ABER SIE
IST ES WERT.

Auch in schwierigen Zeiten steht man sich zur Seite und meistert Herausforderungen gemeinsam. Für viele Paare kann diese Phase auch eine Art Transzendenz bedeuten. Das kann z. B. bedeuten, sich gemeinsam für eine gute Sache zu engagieren oder sich auf eine spirituelle Praxis einzulassen.

Diese gemeinsamen Erfahrungen können bereichernd und erfüllend sein und dazu beitragen, sich gegenseitig zu inspirieren und herauszufordern. Dennoch erfordert eine Beziehung auch in dieser Phase Arbeit, und Herausforderungen können jederzeit auftreten. Durch eure starke Bindung und euer gegenseitiges Verständnis seid ihr jedoch in der Lage, diese gemeinsam zu meistern und eure Partnerschaft weiter zu vertiefen.

Um eine starke und glückliche Beziehung aufzubauen, ist es wichtig, die verschiedenen Phasen der Beziehung zu erkennen und zu verstehen. Jede Phase hat ihre eigenen Herausforderungen und Chancen. Das ist in der Theorie schon spannend, aber für die Umsetzung in die Praxis können wir uns Übungen zu Nutze machen, die den Ist-Zustand unserer Beziehung beleuchten. Durch diese Übungen können wir diesen Ist-Zustand genauer betrachten und daraus lernen, um gemeinsam zu wachsen. Es ist aber auch wichtig, sich in schwierigen Zeiten daran zu erinnern, dass diese Phasen normal sind und dazu dienen, unsere Beziehung zu stärken und uns als Paar weiterzuentwickeln. Mit Geduld, Verständnis und Liebe können wir durch diese Phasen gehen und eine tiefe und erfüllte Beziehung aufbauen. Auch wenn die Reise durch die Beziehungsphasen nicht immer einfach ist, lohnt sie sich, denn sie bietet uns die Chance, eine tiefe und bedeutungsvolle Beziehung zu jemandem aufzubauen, den wir lieben.

BEZIEHUNGS-RADAR – ENTDECKT GEMEINSAM EURE VERBESSERUNGSPOTENZIALE UND LÖST PROBLEME

In jeder Beziehung gibt es Herausforderungen und Bereiche, die verbessert werden können. Um eine erfolgreiche und erfüllende Beziehung aufzubauen, ist es wichtig, regelmäßig zu reflektieren und gemeinsam an Verbesserungen zu arbeiten. Mit dieser Übung könnt ihr als Paar euer Beziehungs-Radar einschalten und gemeinsam eure Stärken und Schwächen entdecken, um so Potenziale zur Verbesserung zu erkennen und Probleme zu lösen.

1. In welcher Phase unserer Beziehung befinden wir uns gerade? (Romantikphase, Ernüchterungsphase, Machtkampfphase, Stabilisierungsphase oder Co-Creation?)

   ____

2. Was fordert uns immer wieder heraus?

   ____

   ____

   ____

   ____

3. Respektieren wir einander in unserer Beziehung? Gibt es Dinge, die wir ändern müssen, um den Respekt zu verbessern?

4. Geben wir uns genug Freiraum oder erdrücken wir einander? Wie können wir eine gesunde Balance finden?

5. Vertrauen wir einander in unserer Beziehung? Was können wir tun, um das Vertrauen zu stärken?

6. Wie wichtig ist uns Intimität in unserer Beziehung? Geben wir genug Raum und Zeit dafür?

7. Übernehmen wir Verantwortung für unsere eigene Zufriedenheit in der Beziehung oder machen wir unseren Partner dafür verantwortlich?

8. Sind wir bereit, Veränderungen in unserer Beziehung zu akzeptieren und gemeinsam zu wachsen?

9. Haben wir ein ausgewogenes Verhältnis von Geben und Nehmen in unserer Beziehung?

10. Wie können wir Humor und Wertschätzung in unsere Beziehung integrieren, um sie noch glücklicher zu machen?

Nehmt euch Zeit, um gemeinsam über diese Fragen nachzudenken und euch offen darüber auszutauschen.
Findet gemeinsam Lösungen für mögliche Probleme und entdeckt neue Wege, um eure Beziehung zu verbessern.

VERBESSERUNGSPOTENZIAL:

DIE WUNDERFRAGE: WAS MÖCHTEST DU VERÄNDERN?

ENTDECKE DEINE IDEALE: DIE REISE ZU EINER ERFÜLLENDEN UND GLÜCKLICHEN BEZIEHUNG

1. Setzt euch zusammen und nehmt euch 20–30 Minuten Zeit, um darüber nachzudenken, wie eure ideale Beziehung aussehen würde. Stellt euch vor, ihr habt alles, was ihr euch in einer **Beziehung wünscht**. **Wie sieht eure Beziehung aus?** Was sind eure **gemeinsamen Interessen und Werte?** Wie kommuniziert ihr miteinander? Welche Art von Unterstützung bietet ihr einander? Schreibt eure Gedanken auf.

2. Wenn ihr fertig seid, tauscht eure Gedanken aus. Vergleicht eure Vorstellungen und diskutiert, welche **Gemeinsamkeiten** ihr habt und wo ihr Unterschiede seht.

Gemeinsamkeiten / Unterschiede:

3. Überlegt gemeinsam, welche Schritte ihr unternehmen könnt, um eure Beziehung zu verbessern und eure Vision einer erfüllenden und glücklichen Beziehung zu verwirklichen. Setzt euch Ziele und plant, wie ihr sie umsetzen könnt.

Ziele

4. Reflektiert regelmäßig über eure Fortschritte und passt eure Pläne gegebenenfalls an. Macht diese Übung zu einem regelmäßigen Bestandteil eurer Beziehung, um sicherzustellen, dass ihr immer auf dem richtigen Weg seid.

BEZIEHUNGSZIELE SMART DEFINIEREN UND VERWIRKLICHEN

Die SMART-Methode kann dabei helfen, die Ziele in der Beziehung klar zu definieren und auch zu erreichen. Sie steht für:

SPEZIFISCH: Seid klar und präzise bei der Definition eurer Ziele. Statt zu sagen: "Wir wollen besser kommunizieren", könntet ihr beispielsweise sagen: "Wir wollen jede Woche einen Abend lang unsere Gefühle und Gedanken miteinander teilen."

MESSBAR: Euer Ziel sollte so formuliert sein, dass ihr erkennen könnt, wann ihr es erreicht habt. Z. B. könntet ihr euch vornehmen, jeden Monat mindestens einmal etwas Neues zusammen auszuprobieren.

ATTRAKTIV: Das Ziel sollte für euch beide attraktiv und wünschenswert sein. Es sollte etwas sein, worauf ihr euch freut und das euch motiviert, daran zu arbeiten.

REALISTISCH: Während es gut ist, hohe Ambitionen zu haben, sollte euer Ziel doch erreichbar sein. Stellt sicher, dass eure Ziele im Einklang mit euren Lebensumständen, Ressourcen und Verpflichtungen stehen.

TERMINIERT: Setzt einen klaren Zeitrahmen für das Erreichen eures Ziels. Dies wird euch helfen, fokussiert und motiviert zu bleiben.

Jetzt, wo ihr die SMART-Methode kennt, könnt ihr eure gemeinsamen Ziele für eure Beziehung festlegen. Denkt daran, dass das Erreichen dieser Ziele ein fortlaufender Prozess ist und dass es in Ordnung ist, die Ziele anzupassen, wenn sich eure Bedürfnisse oder Umstände ändern.

SMART-ZIELE SETZEN: Nehmt euch ein wenig Zeit und überlegt, welche Ziele ihr in eurer Beziehung erreichen möchtet. Formuliert diese Ziele mit Hilfe der SMART-Methode. Zum Beispiel: "Wir wollen mindestens zweimal pro Woche gemeinsam Sport treiben (z.B. Laufen, Wandern, Radfahren), und das für die nächsten drei Monate."

AKTIONSPLAN ERSTELLEN: Überlegt, welche konkreten Schritte ihr unternehmen könnt, um eure Ziele zu erreichen. Schreibt diese Schritte auf und macht einen Plan, wann und wie ihr sie umsetzen wollt.

REGELMÄSSIG ÜBERPRÜFEN: Legt regelmäßige Termine fest, an denen ihr eure Entwicklung reflektiert.

Denkt immer daran, jeden Fortschritt, den ihr gemeinsam macht, gebührend zu würdigen. Das wird euch nicht nur ermutigen, weiter an euren Zielen zu arbeiten, sondern auch eure Beziehung festigen. Dieser Weg ist ein gemeinschaftlicher, der Liebe, Verständnis und Geduld von euch beiden verlangt. Aber die investierte Anstrengung ist es absolut wert, denn sie bringt euch eurer Vision einer idealen, erfüllenden und glücklichen Partnerschaft näher.

TRÄUM EIN BISSCHEN!

Versuch dir mal ein Bild davon zu machen, wie dein **Beziehungsleben in einem Jahr** aussieht, wenn du und dein Partner das tollste Jahr hinter euch habt. Stell dir vor, es war ein Jahr voller Harmonie und Liebe und ihr seid ineinander verschossen wie am ersten Tag.

- Frag dich, was hat sich verändert, dass diese Traumvorstellung Wirklichkeit wurde?
- Wie behandelt ihr einander?
- Wie viel Quality-Time habt ihr miteinander und zu welchen Zeiten?
- Wie würde ein Tag im Leben dieser zukünftigen Version von dir aussehen, wenn du rundum glücklich bist?

Je detaillierter du deine Wunschvorstellung formulierst, desto klarer wird das Ziel vor deinem geistigen Auge. Und je klarer das Ziel, desto leichter wird es, es auch zu erreichen. Kombiniere dieses klare Zielbild mit deinem tiefen persönlichen Antrieb. Du wirst staunen, wieviel Energie du plötzlich hast und wie viel du bewegen kannst.

DIE 6 GRUNDBEDÜRFNISSE IN DER BEZIEHUNG

In jeder Beziehung gibt es sechs Grundbedürfnisse, die für das Gedeihen der Partnerschaft wesentlich sind. Die folgende Übung soll helfen, zu erkennen, wie gut diese Bedürfnisse in der Beziehung erfüllt werden und wo es Verbesserungspotential gibt.

SICHERHEIT
Dieses Bedürfnis beschreibt das Gefühl von Stabilität, Vertrauen und Komfort in einer Beziehung. Du fühlst dich sicher, weil du weißt, dass du auf deinen Partner zählen kannst, und dass eure Bindung stark ist.

UNSICHERHEIT/ABWECHSLUNG
Das mag paradox klingen, aber wir alle brauchen eine Prise Unsicherheit und Abwechslung in unseren Beziehungen. Das bedeutet Abenteuer, Überraschungen, und neue Erfahrungen, die die Beziehung aufregend und lebendig halten.

BEDEUTUNG
Jeder von uns möchte sich wichtig und geschätzt fühlen. In einer Beziehung bedeutet das, dass du dich gewollt, respektiert und wertvoll fühlst.

LIEBE/VERBINDUNG
Die Liebe oder Verbindung, die wir mit unseren Partnern teilen, ist essenziell. Sie bringt uns Nähe, Intimität und ein Gefühl von Zusammengehörigkeit.

WACHSTUM
Damit eine Beziehung gedeiht, muss sie wachsen und sich weiterentwickeln. Das bedeutet persönliches Wachstum, aber

auch Wachstum als Paar, durch das Lernen und das Überwinden von Herausforderungen zusammen.

GEBEN - ÜBER SICH HINAUS

In einer Beziehung geht es nicht nur darum, zu nehmen, sondern auch zu geben. Das erfüllt uns mit Freude und Sinnhaftigkeit, wenn wir wissen, dass wir zur Glückseligkeit des anderen beitragen können.

Es ist ein kontinuierlicher Prozess, aber die Anstrengung lohnt sich.

SCHÄTZE DIE BEDÜRFNISSE EIN

Bewerte auf einer Skala von 1 (überhaupt nicht erfüllt) bis 10 (vollständig erfüllt), wie gut jedes dieser Bedürfnisse in deiner aktuellen Beziehung für dich erfüllt wird. Beurteile anschließend, wie gut du glaubst, dass die Bedürfnisse deines Partners in der Beziehung erfüllt werden.

Bitte denke daran, dass deine Einschätzung für deinen Partner auf deiner eigenen Wahrnehmung basiert und möglicherweise nicht die tatsächlichen Gefühle deines Partners widerspiegelt. Es ist immer hilfreich, danach ein offenes Gespräch zu führen, um Missverständnisse zu klären und euch beiden einen tieferen Einblick in die Bedürfnisse des anderen zu geben.

Sicherheit	1	2	3	4	5	6	7	8	9	10
	1	2	3	4	5	6	7	8	9	10
Unsicherheit	1	2	3	4	5	6	7	8	9	10
	1	2	3	4	5	6	7	8	9	10
Bedeutung	1	2	3	4	5	6	7	8	9	10
	1	2	3	4	5	6	7	8	9	10
Verbindung	1	2	3	4	5	6	7	8	9	10
	1	2	3	4	5	6	7	8	9	10
Wachstum	1	2	3	4	5	6	7	8	9	10
	1	2	3	4	5	6	7	8	9	10
Geben	1	2	3	4	5	6	7	8	9	10
	1	2	3	4	5	6	7	8	9	10

2.

DIE ACHTERBAHN DER BEZIEHUNGSDYNAMIK

NÄHE, DISTANZ UND DIE GEHEIMNISSE EINER GLÜCKLICHEN BEZIEHUNGSDYNAMIK

In einer Beziehung gibt es oft Höhen und Tiefen. Mal fühlt man sich zu nah und erdrückt, mal zu fern und dann vermisst man den Partner. Eine gesunde Balance zwischen Nähe und Distanz zu finden, ist eine Gratwanderung, die viele Paare herausfordert. In diesem Abschnitt werden wir uns mit den verschiedenen Bindungstypen beschäftigen und damit, warum manche Beziehungen wie ein Feuerwerk enden. Wir werden auch untersuchen, wie unser Erbe und unsere Kindheit unsere Beziehungsdynamik beeinflussen können. Schließlich werden wir das Geheimnis einer glücklichen Beziehung erforschen: Wertschätzung und Dankbarkeit.

NÄHE UND DISTANZ: DIE GRATWANDERUNG ZWISCHEN KLAMMERÄFFCHEN UND EINSIEDLERKREBS

In einer Beziehung ist es wichtig, die richtige Balance zwischen Nähe und Distanz zu finden. Manche Menschen klammern sich zu sehr an ihren Partner, erdrücken ihn fast und lassen ihm keine individuelle Bewegungsfreiheit. Andere ziehen sich eher zurück und der Partner fühlt sich allein und vernachlässigt. In beiden Fällen ist es wichtig, darüber zu sprechen und die Bedürfnisse des anderen zu erkennen. Kommunikation ist der Schlüssel, denn oft weiß der eine gar nichts von den

Gefühlen des anderen und meint, alles sei in Ordnung. Sprich also mit deinem Partner über alles, was dich bedrückt, egal ob du dich eingeengt fühlst und mehr Freiheit brauchst oder ob es umgekehrt ist.

Selbstreflexion spielt eine entscheidende Rolle, egal ob du dich in deiner Partnerschaft einsam fühlst oder ständig die Nähe deines Partners suchst. Hinterfrage, was deine wirklichen Bedürfnisse sind und ob du deinen Partner damit überforderst. Lässt du dir und deinem Partner genügend individuellen Freiraum? Es ist ganz natürlich, dass Bedürfnisse befriedigt werden wollen, aber es ist auch wichtig, die Balance zu halten. Unterstütze deinen Partner und gib ihm nicht das Gefühl, dass du nur deinen eigenen Weg gehst und ihn dabei vernachlässigst. Arbeitet gemeinsam an einer ausgewogenen Dynamik in eurer Beziehung, um Enttäuschungen auf beiden Seiten zu vermeiden.

BINDUNGSTYPEN: WARUM MANCHE BEZIEHUNGEN WIE EIN FEUERWERK ENDEN – UND WAS MAN TUN KANN, UM SIE WIEDER AUF KURS ZU BRINGEN.

Unterschiedliche Bindungstypen spielen eine wichtige Rolle in Beziehungen und können deren Dynamik erheblich beeinflussen. Ein sicheres Bindungsmuster wird oft als gesundes Ideal angesehen, da es stabile und liebevolle Beziehungen fördert. Unsichere Bindungsmuster wie ängstliche Bindung, vermeidende Bindung und ängstlich-vermeidende (desorganisierte) Bindung können jedoch dazu führen, dass Beziehungen explosiv enden.

Wenn dein Partner z. B. ängstlich gebunden ist, sucht er nach Bestätigung und Aufmerksamkeit und drängt dich möglicherweise in eine Ecke. Eine vermeidende Bindung kann dazu führen, dass er sich von dir abwendet und du dich vernachlässigt und ungeliebt fühlst. Im Folgenden werden wir die unterschiedlichen Bindungstypen erläutern und die Schritte aufzeigen, mit denen du deine Beziehung wieder auf den richtigen Weg bringen kannst.

BINDUNGSTHEORIE

Die Bindungstheorie unterscheidet vier verschiedene Bindungstypen: den sicheren Bindungsstil, den ängstlichen Bindungsstil, den vermeidenden Bindungsstil und den ängstlich-vermeidenden (auch desorganisierten) Bindungsstil. Die Bindungstheorie geht davon aus, dass sich der Bindungsstil eines Menschen in der frühen Kindheit als Reaktion auf die Beziehungen zu seinen ersten Bezugspersonen herausbildet und entwickelt. Nach dieser Theorie spiegelt der Bindungsstil eines Erwachsenen die Dynamik wider, die er als Säugling oder Kind mit seinen Bezugspersonen erlebt hat.

Der Bindungsstil umfasst das emotionale Reaktionsmuster einer Person auf andere, die Interaktion mit Beziehungspartnern und das allgemeine Beziehungsverhalten. In der Bindungstheorie werden insgesamt vier verschiedene Bindungstypen beschrieben:

DER SICHERE BINDUNGSTYP:

Menschen mit diesem Bindungstyp haben in der Regel ein positives Bild von sich selbst und anderen. Sie können emotionale Nähe zulassen und Vertrauen aufbauen. Sie fühlen sich in Beziehungen sicher und geborgen und sind in der Lage,

Konflikte konstruktiv zu lösen.

Menschen mit einem sicheren Bindungsstil haben kaum Probleme in der Partnerschaft, können aber so sehr auf Harmonie und Stabilität in der Beziehung ausgerichtet sein, dass sie ihre eigenen Bedürfnisse und Wünsche zurückstellen. Um dieses Problem zu lösen, müssen sie lernen, ihre eigenen Grenzen und Bedürfnisse zu erkennen und zu kommunizieren, um eine gesunde Balance in ihrer Beziehung zu erreichen.

DER ÄNGSTLICHE BINDUNGSTYP:
Menschen dieses Typs haben oft ein negatives Selbstbild und ein positives Bild von anderen Menschen. Sie reagieren sehr empfindlich auf Zurückweisung und haben oft Angst, von ihrem Partner verlassen zu werden. Sie sind übermäßig bedürftig, klammern sich an andere und suchen ständig nach Bestätigung und Aufmerksamkeit.

Eine herausfordernde Eigenschaft für Menschen mit ängstlichem Bindungsstil ist ihre Neigung, in ihren eigenen Ängsten und Unsicherheiten gefangen zu sein. In Beziehungen opfern sie oftmals ihre eigenen Bedürfnisse und Wünsche, um die Zuneigung und Aufmerksamkeit des Partners zu gewinnen und zu erhalten. Um diese Dynamik zu überwinden, ist es wichtig, die eigenen Bedürfnisse und Wünsche zu erkennen und zu artikulieren.

Betrachten wir ein Paar, in dem einer der Partner einen ängstlichen Bindungsstil aufweist. Dieser Partner hat häufig Schwierigkeiten, Vertrauen aufzubauen und sucht ständig nach Bestätigung. Er zeigt manchmal Zeichen von Eifersucht, auch ohne konkreten Grund. In einer solchen Situation wäre ein erster Schritt, offen über die individuellen Bedürfnisse zu sprechen, um in der Beziehung ein Gefühl von Sicherheit und Wertschätzung zu schaffen. Der ängstlich gebundene Partner sollte dazu ermutigt werden, seine Ängste und Unsicherheiten auszudrücken, während der andere Partner lernt, die benötigte Aufmerksamkeit und Bestätigung bereitzustellen.

Auch Achtsamkeitsübungen können eine wertvolle Ressource für den ängstlich gebundenen Partner darstellen, um sein Selbstbewusstsein zu stärken. Achtsamkeit ermöglicht es, die Gefühle und Bedürfnisse besser wahrzunehmen und auszudrücken, und kann dabei helfen, ein positiveres Selbstbild zu entwickeln. Hier ist eine einfache Achtsamkeitsübung, die im Alltag integriert werden kann.

ÜBUNG: ACHTSAME ATEMBEOBACHTUNG

Suche dir einen ruhigen, ungestörten Ort und setze dich bequem hin. Schließe deine Augen, wenn du dich dabei wohler fühlst.

Lenke deine Aufmerksamkeit auf deinen Atem. Spüre, wie die Luft durch deine Nase einströmt und deine Lungen füllt und dann wieder aus deinem Körper ausströmt. Versuche nicht, deinen Atem zu kontrollieren - lass ihn einfach natürlich fließen.

Wenn deine Gedanken abschweifen, was ganz normal ist, bemerke dies und führe deine Aufmerksamkeit sanft wieder zurück zu deinem Atem.

Praktiziere dies für etwa 5-10 Minuten pro Tag. Du kannst die Dauer nach und nach erhöhen, wenn du dich dabei wohler fühlst.
Diese Übung hilft dir, das Bewusstsein für den gegenwärti-

gen Moment zu schärfen und die Verbindung zu dir selbst zu stärken. Sie kann dazu beitragen, Stress abzubauen und ein Gefühl der inneren Ruhe und Akzeptanz zu fördern, was besonders für Menschen mit einem ängstlich gebundenen Bindungsstil hilfreich sein kann.

DER VERMEIDENDE BINDUNGSTYP

Dieser Typ hat in der Regel ein positives Selbstbild, aber ein negatives Bild von andere. Solche Menschen sind oft unabhängig und tendieren dazu, emotionale Nähe zu vermeiden. Sie haben Schwierigkeiten, Vertrauen aufzubauen, und neigen dazu, in Beziehungen auf Distanz zu bleiben, um sich nicht verletzlich zu machen. Ein Problem, das bei einem vermeidenden Bindungsstil auftreten kann, ist die Schwierigkeit, echte Nähe in einer Beziehung zuzulassen. Vermeidende Partner sind oft emotional distanziert und sprechen oder teilen ihre Gefühle nicht. Sie äußern kaum ihre Bedürfnisse und Wünsche und fühlen sich dadurch manchmal übergangen oder unterdrückt.

Um dieses Problem zu lösen, ist es wichtig, dass beide Partner miteinander kommunizieren und verstehen lernen, warum der vermeidende Partner Schwierigkeiten hat, sich emotional zu öffnen. Es kann hilfreich sein, eine sichere und vertrauensvolle Umgebung zu schaffen, in der der vermeidende Partner allmählich lernt, sich zu öffnen und sich mitzuteilen. Es ist wichtig, an der Kommunikation zu arbeiten, regelmäßig miteinander zu sprechen und sich gegenseitig Feedback zu geben. So können beide besser verstehen, was im anderen vorgeht, und diesen Bindungsstil auflösen. Hier ist eine Übung, die helfen könnte:

ÜBUNG: KOMMUNIKATIONSPRAXIS

Beide Partner setzen sich in einer ruhigen, störungsfreien Umgebung zusammen. Einer der Partner beginnt, seine Gedanken und Gefühle für eine festgelegte Zeit (z. B. fünf Minuten) ohne Unterbrechung zu teilen. Dabei konzentriert er sich auf seine eigenen Erfahrungen und Gefühle und versucht, diese so klar und ehrlich wie möglich auszudrücken.
Nachdem ein Partner gesprochen hat, wiederholt der andere Partner das Gesagte, ohne es zu bewerten oder zu interpretieren, um sicherzustellen, dass es richtig verstanden wurde.
Anschließend tauschen die Partner die Rollen und wiederholen den Prozess.

Diese Übung kann helfen, ein tieferes Verständnis und Mitgefühl für die Gefühle und Bedürfnisse des anderen zu entwickeln. Sie kann dazu beitragen, die Kommunikation zu verbessern und eine sicherere und vertrauensvollere Beziehung aufzubauen.

DER ÄNGSTLICH-VERMEIDENDE ODER DESORGANISIERTE BINDUNGSTYP:

Menschen mit diesem Bindungstyp haben oft ein negatives Bild von sich und anderen. Sie fühlen sich in Beziehungen unsicher und inkonsistent und haben Schwierigkeiten, Beständigkeit und Stabilität aufzubauen. Sie haben oft Angst vor Intimität und Distanz und neigen dazu, zwischen Nähe und Distanz zu schwanken. Ein häufiges Problem ist die Unfähigkeit, sich auf eine Beziehung einzulassen und Vertrauen aufzubauen. Sie haben Angst, verletzt oder zurückgewiesen zu werden und distanzieren sich emotional oder lehnen den Partner ab. Unangemessene Verhaltensweisen wie Eifersucht, Kontrolle oder Rückzug sind keine Seltenheit.

Um dieses Problem zu lösen, ist es wichtig, dass der ängstlich-vermeidende Bindungstyp seine tief verwurzelte Angst vor Verletzung und Zurückweisung erkennt und lernt, seine Emotionen zu regulieren. Es ist auch wichtig, dass der Partner des ängstlich-vermeidenden Bindungstyps geduldig und verständnisvoll ist und dem Partner des ängstlich-vermeidenden Bindungstyps Zeit und Raum gibt, um Vertrauen aufzubauen und sich zu öffnen. Eine offene und ehrliche Kommunikation ist ebenfalls sehr wichtig, um Missverständnisse und unnötige Konflikte zu vermeiden.

An dieser Stelle kommt ein wichtiger Aspekt ins Spiel: Die negativen Überzeugungen, die Menschen mit einem ängstlich-vermeidenden Bindungsstil oft mit sich herumtragen. Diese Überzeugungen sind meist tief verwurzelt und wurden oft schon in der Kindheit erworben. Um sie zu überwinden, ist es wichtig, sie genau zu analysieren und zu hinterfragen.

Hier ist ein Beispiel, wie so etwas aussehen kann: Zuerst identifizierst du einen negativen Glaubenssatz, der dich daran hindert, Vertrauen in Beziehungen aufzubauen, z. B.: "Ich will keinen Partner, weil ich sowieso enttäuscht werde." Dann hinterfragst du diesen Glaubenssatz: Ist er wirklich wahr? Wie hat er sich entwickelt? Könnte es sein, dass bestimmte Erlebnisse in der Kindheit die Ursache sind?

Überlege dir dann, welchen Einfluss dieser Glaubenssatz auf dein Leben hat: Wie beeinflusst er dein Verhalten und deine Entscheidungen in Beziehungen? Hält er dich davon ab, dich in Beziehungen zu öffnen oder Nähe zuzulassen? Schließlich beginnst du, den negativen Glaubenssatz durch einen positiven zu ersetzen, der dir hilft, Vertrauen in Beziehungen aufzubauen und mehr Nähe zuzulassen. Zum Beispiel könnte der negative Glaubenssatz “Ich werde immer enttäuscht, wenn ich mich auf jemanden verlasse” durch den positiven Glaubenssatz “Es ist in Ordnung, sich auf andere zu verlassen. Nicht jeder wird mich enttäuschen.” ersetzt werden.

Es ist wichtig zu erkennen, dass Enttäuschungen zum Leben gehören und dass es in Ordnung ist, sich auf andere zu verlassen.

Schließlich ist es wichtig zu verstehen: Bindungsprobleme sind normal in Beziehungen und es gibt Wege, sie zu lösen. Wenn ihr euch bemüht, eure Bindung zu stärken und euch auf eure Beziehung konzentriert, könnt ihr dazu beitragen, dass eure Liebe wieder aufblüht und ihr eine gesunde und glückliche Beziehung aufbaut.

WELCHER BINDUNGSTYP BIST DU?

Wie leicht fällt es dir, anderen Menschen zu vertrauen?

1. Sehr leicht
2. Einigermaßen leicht
3. Schwierig
4. Sehr schwer

Wie fühlst du dich, wenn dein Partner viel Zeit allein verbringt?

1. Ich fühle mich gut damit und habe meine eigenen Interessen
2. Ich fühle mich ein wenig unsicher, aber es ist okay
3. Ich fühle mich unwohl und benötige viel Aufmerksamkeit von meinem Partner
4. Ich fühle mich einsam und verlassen, wenn mein Partner nicht bei mir ist

Wie gehst du normalerweise mit Konflikten um?

❶ Ich versuche, die Situation zu lösen und arbeite mit meinem Partner zusammen

❷ Ich vermeide Konflikte und versuche, sie zu vermeiden

❸ Ich neige dazu, in Konfliktsituationen wütend oder defensiv zu werden

❹ Ich fühle mich hilflos und weiß nicht, wie ich Konflikte lösen soll

Wie fühlst du dich, wenn dein Partner emotionale Nähe sucht?

❶ Ich genieße es, wenn mein Partner emotional offen ist und Nähe sucht

❷ Ich fühle mich manchmal ein wenig unwohl, aber ich versuche, offen dafür zu sein

❸ Ich fühle mich eingeengt und neige dazu, mich zurückzuziehen

❹ Ich fühle mich verängstigt und weiß nicht, wie ich mit der Situation umgehen soll

Wie oft denkst du an vergangene Beziehungen?

❶ Selten oder nie ❷ Manchmal

❸ Häufig ❹ Sehr häufig

Wie fühlst du dich normalerweise in einer Beziehung?

❶ Glücklich und erfüllt

❷ Einigermaßen glücklich, aber manchmal unsicher

❸ Unzufrieden und unsicher

❹ Verängstigt und überwältigt

Auswertung:
Diese Testauswertung basiert darauf, wie oft du die Zahlen 1, 2, 3 oder 4 gewählt hast, um deinen Beziehungstyp zu bestimmen.

❶ **sicherer Bindungstyp**
❷ **ängstlicher Bindungstyp**
❸ **vermeidender Bindungstyp**
❹ **ängstlich-vermeidender Bindungstyp**

DANKE, DASS ES DICH GIBT! WARUM WERTSCHÄTZUNG UND DANKBARKEIT DAS GEHEIMNIS EINER GLÜCKLICHEN BEZIEHUNG SIND.

In einer langen Liebesbeziehung gewöhnen wir uns oft an das, was unser Partner für uns tut, und vergessen, wie viel Liebe und Mühe dahinterstecken. Es kann passieren, dass wir in eine Routine verfallen und die Verbindung zwischen uns als selbstverständlich ansehen. Doch genau hier liegt oft das Problem: Wenn wir nicht genug Dankbarkeit und Wertschätzung zeigen, kann die Liebe erkalten und die Beziehung leidet. Wusstest du, dass Dankbarkeit laut vieler Studien die geheime Zutat für eine glückliche und erfüllte Partnerschaft ist? Wenn wir unserem Partner zeigen, dass wir für ihn dankbar sind, geben wir ihm das Gefühl, wichtig und geschätzt zu sein. Das motiviert ihn, freundlich und hilfsbereit zu sein, und stärkt unsere Beziehung.

Indem wir uns auf all die schönen Dinge konzentrieren, die unser Partner für uns tut, können wir auch unsere Sicht auf die

Beziehung verändern und sie positiver sehen. Sagen wir also öfter danke und zeigen wir unserem Partner, wie sehr wir ihn schätzen!

Natürlich gibt es viele Möglichkeiten, deinem Partner gegenüber Dankbarkeit auszudrücken! Hier sind ein paar Ideen, wie du deine Dankbarkeit auf kreative und liebevolle Weise ausdrücken kannst:

- Schreibe eine liebevolle SMS oder Karte, in der du sagst, wie dankbar du bist.
- Bereite ein überraschendes Frühstück oder Abendessen zu und dekoriere den Tisch mit Kerzen und Blumen. Zeige, dass du die Gegenwart und Liebe schätzt.
- Plane gemeinsame Aktivitäten, die vorzugsweise deinem Partner Spaß machen, wie einen Ausflug ins Grüne oder einen Wochenendausflug. Das zeigt, dass du die Wünsche respektierst und schätzt.

www.mirell.at

IMPULS:

WAS SCHÄTZT DU AN DEINEM PARTNER? NOTIERE TÄGLICH DREI ASPEKTE, FÜR DIE DU DANKBAR BIST.

DER EINFLUSS UNSERER VORFAHREN: WARUM WIR MANCHMAL SO TICKEN, WIE WIR TICKEN – UND WIE UNS DAS ERBE UNSERER AHNEN BEEINFLUSST.

In diesem Abschnitt geht es darum, wie unsere familiären Bindungen und Erfahrungen in der Kindheit unser Verhalten in Beziehungen als Erwachsene beeinflussen können. Die Bindungstheorie besagt, dass unsere Beziehungen zu den frühesten Bezugspersonen unsere Erwartungen und Verhaltensmuster in Beziehungen prägen. Es gibt auch Forschungsergebnisse, die darauf hindeuten, dass die Familiengeschichte und das Erbe unsere Beziehungen beeinflussen können. Studien haben gezeigt, dass Kinder geschiedener Eltern eher dazu neigen, sich von ihrem Partner zu trennen, oder dass Menschen, die in einer Familie aufgewachsen sind, in der viel gestritten wurde, auch in ihren Beziehungen eher zu Konflikten neigen.

Es ist wichtig zu verstehen, dass unser familiäres Erbe nicht unser Schicksal ist. Wir haben die Möglichkeit, uns von ungesunden Mustern und Verhaltensweisen zu befreien und neue, gesunde Beziehungen aufzubauen. Wir können lernen, alte Verhaltensmuster zu erkennen und zu verändern. Durch diese Selbsterkenntnis können wir ein tieferes Verständnis für uns selbst und unsere Beziehungen erlangen. Es ist wesentlich, sich klar darüber zu werden, wie unsere familiäre Vergangenheit uns prägen kann. Dadurch sind wir in der Lage, das unbewusste Wiederholen alter Verhaltensmuster zu verhindern und aktiv an der Schaffung gesunder Beziehungen zu arbeiten.

Unsere Vorfahren haben uns nicht nur ihre Gene vererbt, sondern auch ihre Erfahrungen, Überzeugungen und Verhaltensmuster. Ob wir es wollen oder nicht, sie prägen und beeinflussen unser Verhalten in Beziehungen. In diesem Zusammenhang ist es interessant zu erforschen, wie das Erbe unserer Vorfahren unser heutiges Liebesleben beeinflusst und welche Auswirkungen es haben kann.

FAMILIÄRE PRÄGUNG: WIE UNSERE KINDHEITSERLEBNISSE UNSER VERHALTEN IN BEZIEHUNGEN BEEINFLUSSEN KÖNNEN.

Unsere Kindheitserfahrungen haben einen großen Einfluss auf unser Verhalten in Beziehungen im Erwachsenenalter. Von unseren Eltern lernen wir nicht nur, wie man sich in einer Beziehung verhält, sondern auch, welche Erwartungen und Bedürfnisse wir haben sollten. Aber auch negative Erfahrungen in der Kindheit können unser Verhalten in Beziehungen prägen und zu Schwierigkeiten führen. In diesem Zusammenhang ist es wichtig, sich bewusst zu machen, wie unsere Kindheitserfahrungen uns beeinflussen und welche Schritte wir unternehmen können, um negative Verhaltensmuster abzulegen und unsere Beziehungen zu verbessern.

ERKENNE DEINE PRÄGUNG UND VERHALTENSMUSTER

Um die Einflüsse unserer familiären Prägung zu erkennen und mögliche Verhaltensmuster abzulegen, ist es wichtig, sich selbst zu reflektieren und ehrlich zu sich selbst zu sein. Eine Möglichkeit ist, ein Reflexionstagebuch zu führen, in dem man seine Gedanken und Gefühle in verschiedenen Situationen aufschreibt und sich dann fragt, ob diese möglicherweise durch die eigenen Kindheitserfahrungen beeinflusst sind.

Ein weiterer Schritt kann sein, sich Unterstützung zu suchen. Dies kann durch den Austausch mit Freunden oder Familienmitgliedern geschehen, die ein ehrliches Feedback geben können. Auch eine professionelle Therapie kann helfen, die eigenen Verhaltensmuster zu erkennen und zu durchbrechen. Denke daran: Das Verändern von tief verwurzelten Verhaltensmustern ist ein Prozess, der Zeit, Geduld und Ausdauer erfordert. Doch der Weg ist es wert, denn er führt zu langfristig gesünderen Beziehungen.

ÜBERTRAGUNG: WIE UNSERE VERGANGENEN ERFAHRUNGEN UNSERE GEGENWÄRTIGEN BEZIEHUNGEN BEEINFLUSSEN

Wir tragen alle unsere Vergangenheit in uns. Manchmal beeinflussen unsere vergangenen Beziehungen und Erfahrungen unser aktuelles Verhalten in Beziehungen. Diesen Prozess, bei dem wir unsere alten emotionalen Erfahrungen auf unsere gegenwärtigen Beziehungen übertragen, bezeichnet man als Übertragung. Ein typisches Beispiel wäre, wenn jemand in der Vergangenheit von einem Partner betrogen wurde und daher in jeder neuen Beziehung die Angst hat, wieder betrogen zu werden, obwohl es keine Anzeichen dafür gibt.

Versuche, den Ursprung von Verhaltensmustern ausfindig zu machen. Um dieses Verhaltensmuster zu erkennen, ist es wichtig, sich bewusst zu werden, welche Emotionen und Erfahrungen aus der Vergangenheit in der aktuellen Beziehung auftauchen. Sobald man dies erkannt hat, kann man beginnen, an diesen alten Erfahrungen zu arbeiten und neue Verhaltensweisen zu entwickeln.

Eine Möglichkeit, um dieses Verhaltensmuster abzulegen, ist die Reflexion über die eigenen Erfahrungen und die Arbeit an der Bewältigung alter Wunden. Versuche, deine eigenen Gedanken und Emotionen besser zu verstehen und neue Verhaltensweisen zu erlernen. Auch das Ansprechen der eigenen Ängste und Befürchtungen gegenüber dem Partner kann dazu beitragen, alte Verhaltensmuster zu durchbrechen und eine gesunde Beziehung aufzubauen.

IMPULS:

FÜHRE EIN REFLEXIONSTAGEBUCH.

Nimm dir jeden Tag 10 Minuten Zeit, um in diesem Tagebuch deine Gefühle und Gedanken aus verschiedenen Situationen zu dokumentieren. Überlege dabei, ob diese möglicherweise durch vergangene Erlebnisse geprägt sind. Suche nach wiederkehrenden Mustern und entwickle gesündere Reaktionsweisen. Diese bewusste Selbstreflexion unterstützt dich dabei, alte Verhaltensmuster aufzubrechen und den Grundstein für gesündere Beziehungen zu legen.

INTER- UND TRANSGENERATIONALE ÜBERTRAGUNG: DAS VERSTÄNDNIS, WIE DIE ERLEBNISSE UND TRAUMATA UNSERER AHNEN UNS BEEINFLUSSEN.

Unsere Vorfahren haben nicht nur Einfluss auf unsere familiäre Prägung und die Art und Weise, wie wir Beziehungen aufbauen und aufrechterhalten, sondern auch auf unsere tiefsten Verhaltensmuster und psychischen Zustände. Es gibt eine wachsende Anzahl von Forschungsarbeiten, die darauf hindeuten, dass traumatische Erfahrungen unserer Ahnen, wie Krieg, Missbrauch oder Vernachlässigung, möglicherweise bis zu uns durchgedrungen sind.

Durch epigenetische Veränderungen können sich diese Erfahrungen in unseren Genen und in unserem Verhalten niederschlagen. Wir können uns daher in Verhaltens- und Beziehungsmustern wiederfinden, die auf Ereignissen und Erfahrungen beruhen, die Generationen zurückliegen. Beispielsweise kann eine Person, deren Urgroßeltern Kriegsüberlebende waren, in der Gegenwart mit unerklärlichen Ängsten oder einem starken Bedürfnis nach Sicherheit und Kontrolle konfrontiert sein, die auf die Erfahrungen ihrer Vorfahren zurückgehen.

Um die Verhaltensmuster und Traumata unserer Vorfahren zu erkennen, können wir uns bewusst mit unserer Familiengeschichte und unseren Wurzeln auseinandersetzen. Wir können uns fragen, welche Ereignisse in der Vergangenheit unserer Familie stattgefunden haben könnten und wie diese Ereignisse möglicherweise unser Verhalten beeinflussen. Wenn wir uns dieser Zusammenhänge bewusst sind, können wir uns gezielt mit unseren eigenen Verhaltensmustern auseinandersetzen und sie überwinden.

ES IST DER
GEMEINSAME FORTSCHRITT,
NICHT DER FLÜCHTIGE
AUGENBLICK, DER ECHTE
BEZIEHUNGEN SCHAFF

- FRIEDRICH NIETZSCHE -

VISUELLE REISE DURCH DIE GENERATIONEN

Setze dich in eine ruhige Umgebung, in der du ungestört bist. Schließe deine Augen und atme tief ein und aus, um dich zu entspannen und dich auf die Übung vorzubereiten.

Stell dir deine Familie als eine Reihe von Generationen vor. Beginne mit dir selbst und gehe dann zurück zu deinen Eltern, Großeltern, Urgroßeltern und so weiter.

Versuche, dir jede Person und ihre Lebensumstände so detailliert wie möglich vorzustellen. Was wusstest du über ihr Leben, ihre Kämpfe, ihre Träume? Versuche, jede Person als Individuum wahrzunehmen und nicht nur als Teil deiner Familiengeschichte.

Während du diesen Prozess durchläufst, achte auf Gefühle oder Gedanken, die in dir aufkommen. Gibt es bestimmte Personen oder Ereignisse, die starke Emotionen hervorrufen? Gibt es Muster, die sich durch die Generationen ziehen?

Notiere nach der Übung deine Gedanken und Gefühle. Welche Einsichten hast du gewonnen? Gibt es Verhaltensmuster, die du in deinem eigenen Leben erkennst und die du ändern möchtest?

Diese Übung kann dir helfen, einen tieferen Einblick in deine Familiengeschichte zu bekommen und mögliche transgenerationale Traumata zu erkennen. Es kann sein, dass du dabei auf schwierige Emotionen oder Erinnerungen stößt. In diesem Fall kann es hilfreich sein, professionelle Unterstützung in Anspruch zu nehmen. Es ist wichtig, sich daran zu erinnern, dass dieser Prozess Zeit braucht und es in Ordnung ist, sich Hilfe zu suchen.

FAMILIÄRE TRADITIONEN UND WERTE: WIE UNSERE FAMILIÄREN WERTE UNSERE BEZIEHUNGEN BEEINFLUSSEN KÖNNEN.

Unsere familiären Werte und Überzeugungen können unsere Beziehungen und unsere Partnerwahl stark beeinflussen. Oft ist uns gar nicht bewusst, wie stark sie sind und wie sehr wir von ihnen geprägt wurden. So kann es z. B. sein, dass wir uns unbewusst Partner suchen, die den Vorstellungen unserer Eltern entsprechen, oder dass wir in Beziehungen bestimmte Verhaltensmuster zeigen, die uns bereits in der Kindheit vermittelt wurden.

Um sich von hinderlichen familiären Traditionen und Werten zu lösen, solltest du sie hinterfragen.

Um dies zu erkennen, ist es wichtig, sich bewusst mit den eigenen familiären Werten und Überzeugungen auseinanderzusetzen.

- Welche Werte und Normen wurden in der Familie vermittelt und wie haben sie sich auf das eigene Verhalten ausgewirkt?
- Welche Erwartungen wurden an uns gestellt und welche Auswirkungen hatten sie auf unsere Beziehungen?
- Sind diese Überzeugungen und Werte noch zeitgemäß und unterstützen sie uns in unseren Beziehungen?
- Oder behindern sie uns eher dabei, gesunde und erfüllende Beziehungen zu führen?

Grenze dich bewusst ab und lebe deine eigenen Vorstellungen. Reflektiere, entscheide und stelle deine Beziehung auf eine gesunde Basis und löse dich bewusst von alten Traditionen und Werten.

UMGANG MIT FAMILIENGESCHICHTE:
Wie können wir uns mit unserer Familiengeschichte auseinandersetzen und uns von negativen Einflüssen lösen? Eine Möglichkeit, dies zu tun, ist, sich mit der Familiengeschichte auseinanderzusetzen und sie zu verstehen.

Stell dir folgende Fragen:

- Welche Beziehungsmuster prägten meine Familie?

- Welche Werte und Überzeugungen wurden mir vermittelt?

- Welche Konflikte gab es und wie wurden sie bewältigt?

Besteht eine Verbindung zu deinem Beziehungsmuster, das auch hier zum Tragen kommt? Erkunde die Perspektive deiner Familie und gewinne Einblicke in die Dynamik. Nutze dieses Wissen, um schädliche Einflüsse zu identifizieren und loszulassen. Erkenne ungesunde Verhaltensmuster und arbeite an ihrer Veränderung. Sei bereit, dich auf positive Veränderungen einzulassen und dein Beziehungspotenzial zu entfalten.

KULTURELLE EINFLÜSSE: WIE KULTURELLE UNTERSCHIEDE UND ERWARTUNGEN UNSERE BEZIEHUNGEN BEEINFLUSSEN KÖNNEN.

Kulturelle Unterschiede und Erwartungen können ein wichtiger Faktor in Beziehungen sein. Sie können beeinflussen, wie wir miteinander kommunizieren, wie wir Konflikte lösen und wie wir unsere Beziehung definieren. Ein Beispiel dafür ist, dass in einigen Kulturen die Familie eine größere Rolle bei der Partnerwahl spielt, während in anderen Kulturen individuelle Freiheit und Selbstbestimmung im Vordergrund stehen. Es ist wichtig, diese Unterschiede zu erkennen und respektieren zu lernen, um eine gesunde und glückliche Beziehung aufzubauen.

ALLGEMEINE LÖSUNGSMÖGLICHKEITEN:

- Werde dir der eigenen Familiengeschichte bewusst.
- Reflektiere dich selbst und identifiziere deine übernommenen Verhaltensmuster.
- Achte auf dich selbst, indem du dir diese schädlichen Einflüsse bewusst machst und negative Verhaltensweisen bewusst vermeidest.
- Sei offen für Veränderungen und gehe sie aktiv an.

DIE MACHT DER KINDHEIT: WIE UNSERE ERZIEHUNG UNSER BEZIEHUNGSLEBEN BEEINFLUSST

Die Macht der Kindheit ist ein wichtiger Aspekt, der oft übersehen wird, wenn es um Beziehungen geht. Die Art und Weise, wie wir in unserer Kindheit behandelt wurden, kann unser

Verhalten in unseren zukünftigen Beziehungen stark beeinflussen. Eltern machen oft Fehler, auch wenn sie es nicht beabsichtigen. Einige der häufigsten Fehler sind Überbehütung, Vernachlässigung, mangelnde Kommunikation und fehlende emotionale Unterstützung. Wenn Kinder in einer Umgebung aufwachsen, in der sie nicht genug Liebe und Aufmerksamkeit bekommen, kann dies zu einem geringen Selbstwertgefühl führen.

ÜBERBEHÜTUNG

Überbehütete Kinder können als Erwachsene Schwierigkeiten haben, Entscheidungen zu treffen und Verantwortung zu übernehmen. Sie können auch Schwierigkeiten haben, unabhängig zu werden und Grenzen zu setzen.

LEISTUNGSORIENTIERTE LIEBE

Ein weiteres häufiges Kindheitsproblem, das sich auf Beziehungen auswirkt, ist, wenn Eltern ihren Kindern das Gefühl geben, dass sie Liebe nur verdienen, wenn sie bestimmte Leistungen erbringen. Dies kann dazu führen, dass Erwachsene Schwierigkeiten haben, Vertrauen aufzubauen und sich in Beziehungen sicher zu fühlen.

EMOTIONALE VERNACHLÄSSIGUNG

Wenn Eltern ihre Kinder emotional vernachlässigen, indem sie ihnen das Gefühl geben, ungeliebt oder unerwünscht zu sein, kann dies zu einem niedrigen Selbstwertgefühl und mangelndem Selbstvertrauen führen. Dies kann dazu führen, dass Erwachsene Schwierigkeiten haben, Beziehungen aufzubauen und aufrechtzuerhalten.

LÖSUNGSMÖGLICHKEITEN

Natürlich gibt es keine allgemeingültigen Lösungen, da jeder Mensch und jede Beziehung individuell sind. Es gibt jedoch einige Ansätze, die hilfreich sein können, um die Auswirkungen der Kindheit auf die Beziehung zu minimieren:

SELBSTREFLEXION:

Eine offene und ehrliche Auseinandersetzung mit der eigenen Kindheit kann helfen, Verhaltensmuster zu erkennen und zu verstehen, woher sie kommen.

OFFENE KOMMUNIKATION:

Eine offene und ehrliche Kommunikation in der Partnerschaft ist der Schlüssel zu einer erfolgreichen Beziehung. Es ist wichtig, dem Partner zu sagen, was man braucht und welche Bedürfnisse man hat. Dabei sollten auch Themen aus der eigenen Kindheit angesprochen werden, die bis heute nachwirken.

VERGEBUNG:

Für eine gelungene Beziehung ist es wichtig, einander zu vergeben und die Vergangenheit hinter sich zu lassen. Sprich mit deinen Eltern darüber und begrabe negative Erfahrungen, die aus verschiedenen Fehlern entstanden sind.

NEUE ERFAHRUNGEN SCHAFFEN:

Sammle neue positive Erfahrungen, um alte negative zu überwinden. Gemeinsame Aktivitäten und Erlebnisse bauen eine positive Bindung auf und schaffen Vertrauen.

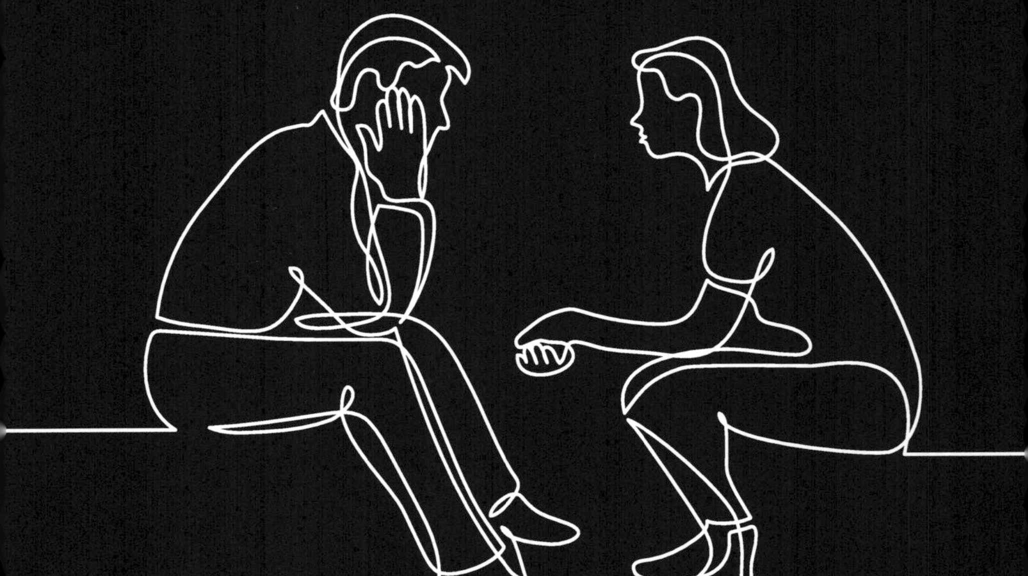

3.

REDEN IST SILBER, SCHWEIGEN IST GOLD?

DIE KUNST DER KOMMUNIKATION: WIE DIALOGE BEZIEHUNGEN STÄRKEN UND KONFLIKTE LÖSEN

Kommunikation ist das A und O jeder Beziehung. Doch oft scheitert es genau daran. Missverständnisse, unklare Aussagen oder unterdrückte Gefühle können schnell zu Konflikten führen und die Harmonie in der Partnerschaft beeinträchtigen. Die Frage ist also, wie man achtsam und respektvoll miteinander kommuniziert, um Konflikte zu vermeiden und die Beziehung zu stärken.

Wie geht man fair und respektvoll mit Konflikten um, was ist die Sprache der Liebe und die Kunst des Kompromisses? Im Folgenden findest du Tipps und Tricks, wie du deine Beziehung verbessern und Konflikte lösen kannst.

ACHTSAM KOMMUNIZIEREN: WIE MAN VERHINDERT, DASS DIE FETZEN FLIEGEN

Achtsame Kommunikation ist der Schlüssel zu einer erfolgreichen und harmonischen Beziehung. Es geht darum, aufmerksam und respektvoll miteinander zu sprechen und zuzuhören. Hier sind einige Tipps, die helfen können, achtsam zu kommunizieren:

- ZEIT NEHMEN: Plane bewusst Zeit ein, um mit deinem Partner zu sprechen, ohne abgelenkt zu sein. Schalte dein Handy aus und konzentriere dich auf deinen Partner.

- OFFEN UND EHRLICH: Äußere deine Meinung und Gefühle, aber vermeide Angriffe oder Schuldzuweisungen. Sprich aus der Ich-Perspektive und erkläre, wie du dich fühlst, anstatt deinem Partner Vorwürfe zu machen.

- ZUHÖREN: Es ist wichtig, dass du zuhörst. Ermögliche deinem Partner, sich auszusprechen, und höre aktiv zu. Versuche zu verstehen, was dein Partner sagt, um seine Perspektive nachzuvollziehen.

- NONVERBALE KOMMUNIKATION: Achte auch auf deine Körpersprache und Mimik. Diese können genauso viel aussagen wie Worte. Sei aufmerksam und sensibel für die nonverbale Kommunikation deines Partners.

- LÖSUNGSORIENTIERT SPRECHEN: Sprich nicht nur über Probleme, sondern auch über Lösungen. Suche gemeinsam mit deinem Partner nach einer Lösung, die für beide Seiten akzeptabel ist.

Eine **klare und präzise Ausdrucksweise**, die Verwendung von **„Ich-Botschaften“** und das **Vermeiden von Schuldzuweisungen** sind entscheidende Faktoren für eine achtsame Kommunikation. Wichtig ist auch, die eigenen Emotionen und Reaktionen während einer Diskussion oder eines Konflikts in der Beziehung bewusst wahrzunehmen und gegebenenfalls zu regulieren, um nicht in eine destruktive Konflikteskalation zu geraten.

SPRICHST DU FRANZÖSISCH, ODER WAS? DIE SPRACHEN DER LIEBE

Die Sprachen der Liebe, eine Theorie, die von Dr. Gary Chapman entwickelt wurde, beschreiben verschiedene Wege, durch die Menschen ihre Liebe ausdrücken und empfangen. Es ist wichtig, die Sprache der Liebe des Partners zu verstehen, um die Beziehung zu stärken und Missverständnisse zu vermeiden. In der Paarbeziehung können die Sprachen der Liebe ein wichtiger Faktor sein, um die Liebe und Zuneigung füreinander auszudrücken und zu empfangen.

Paare können enger zusammenwachsen, wenn sie die Sprache des Partners verstehen und praktizieren. Die Theorie geht davon aus, dass die Bedürfnisse des anderen oft missverstanden werden, weil jeder Mensch Liebe anders erlebt und empfindet.

ES GIBT FÜNF SPRACHEN DER LIEBE, DIE IN EINER PAARBEZIEHUNG WICHTIG SEIN KÖNNEN:

LOB UND ANERKENNUNG

Hier geht es darum, **Wertschätzung und Anerkennung** durch Worte auszudrücken. Das kann z. B. durch Komplimente oder Dankesworte geschehen.
Beispiel: Du könntest deinem Partner regelmäßig sagen, dass du stolz auf ihn bist, wie sehr du seine Persönlichkeit oder seinen Sinn für Humor schätzt. „Ich bin so stolz darauf, wie du in deinem Job wächst und dich entwickelst. Du bist so engagiert und talentiert und es macht mich glücklich, das mitzuerleben." Oder: „Ich bin beeindruckt von deiner Kreativität. Du bist immer auf der Suche nach neuen Erfahrungen. Du inspirierst mich wirklich und ich schätze dich sehr dafür." Natürlich sollte es von Herzen kommen, was du sagst, und sich auf spezifische Handlungen oder Eigenschaften deines Partners beziehen.

ZEIT UND AUFMERKSAMKEIT

Diese Sprache der Liebe bezieht sich auf gemeinsame Zeit und Aufmerksamkeit füreinander. Das kann z. B. bedeuten, Zeit miteinander zu verbringen, zuhören und Gespräche zu führen. Wichtig ist, dass der Partner wirklich mit allen Sinnen achtsam und aufmerksam anwesend ist. Das **Gefühl, Priorität zu haben, ist ausschlaggebend**. Du kannst beispielsweise dein Handy oder andere störende Dinge abschalten, Augenkontakt herstellen und nahe neben deinem Partner sitzen. Auch aktives Zuhören und auf den Partner eingehen sind wichtige Faktoren, die eine enge Verbindung aufbauen können.

GESCHENKE

Die Sprache der Liebe „Geschenke" bedeutet nicht unbedingt teure Geschenke, sondern vielmehr **kleine Aufmerksamkeiten**, die zeigen, dass man an den Partner denkt.
Taten sagen oftmals mehr als Worte. Manche Menschen fühlen sich besonders geschätzt, wenn sie kleine Geschenke bekommen. Sie müssen nicht groß oder teuer sein, es geht eher um die Geste und die Gedanken dahinter. Eine kleine Überraschung, das Lieblingsessen kochen oder eine besondere Aufmerksamkeit können die Seele berühren und das Herz deines Partners erwärmen.

KÖRPERLICHE BERÜHRUNGEN

Diese Sprache der Liebe umfasst **physische Berührungen** wie Umarmungen, Küsse, Sex und andere körperliche Gesten, die Zuneigung und Liebe ausdrücken. Diese Ausdrucksweise zeigt deinem Partner, dass er dir wichtig ist und du dich ihm emotional nahe fühlst. Bedürfnisse nach Nähe werden erfüllt und das Gefühl, geliebt und umsorgt zu werden, wird nicht vermisst.

HILFSBEREITSCHAFT

Die Sprache der Liebe „Hilfsbereitschaft" bedeutet, dem Partner **bei alltäglichen Dingen unter die Arme zu greifen.** Hier geht es darum, dass man einander im Alltag unterstützt und füreinander da ist. Mehr als bloße physische Unterstützung, fördert sie das Gefühl von Solidarität und Zusammengehörigkeit. Ob es um die Bewältigung von täglichen Herausforderungen oder liebevolle Gesten wie das Zubereiten des Abendessens geht, solche Hilfsbereitschaft stärkt das Band der Partnerschaft.

HÖRE GENAU ZU UND BEOBACHTE DIE REAKTION DEINES PARTNERS.

Konzentriere dich auf die Liebessprache deines Partners und drücke deine Liebe auf eine Weise aus, die für ihn von Bedeutung ist. Frustration kann abgebaut und die Bindung in der Beziehung gestärkt werden. Finde die Liebessprache deines Partners heraus. Um die Sprache der Liebe deines Partners herauszufinden, gibt es verschiedene Möglichkeiten. Eine Möglichkeit ist, darauf zu achten, wie sich dein Partner um dich kümmert und welche Handlungen oder Worte er benutzt, um seine Zuneigung auszudrücken. Achte darauf, ob er dir oft Geschenke macht, dir Komplimente macht oder gerne Zeit mit dir allein verbringt.

Du kannst auch darauf achten, wie dein Partner auf deine Handlungen reagiert. Jeder hat seine eigene Art, Liebe auszudrücken, und die Reaktion deines Partners kann dir einen Hinweis auf seine Liebessprache geben. Wenn er sich z. B. sehr freut, wenn du ihm ein Geschenk machst, kann das ein Hinweis darauf sein, dass seine Liebessprache das Annehmen von Geschenken ist.

FRAG NACH

Der einfachste Weg, die Liebessprache herauszufinden, ist direkt danach zu fragen. Frage was deinen Partner glücklich machen würde, wie er sich geliebt und geschätzt fühlen würde und wie er behandelt werden möchte.

IDEENSCHATZ-TECHNIK

Im letzten Abschnitt hast du herausgefunden, welche Liebessprachen du und dein Partner in eurer Beziehung sprechen. Das allein reicht jedoch nicht aus - jetzt ist es an der Zeit, diese Sprachen aktiv im Alltag einzusetzen. Wie beim Erlernen einer Fremdsprache benötigst du einen Wortschatz, um die richtigen Gesten zur richtigen Zeit zu finden.

Deshalb stellen wir dir die "Ideenschatz-Technik" vor: Du sammelst Ideen, wie du deinem Partner eine Freude machen kannst, und bist so bestens vorbereitet.

Benutze einfach ein Blatt Papier, um kreative Ideen für jede Liebessprache zu sammeln. Je mehr Ideen du hast, desto besser! Plane schon jetzt für die nächsten Wochen und denke auch an die anderen Liebessprachen, denn jeder freut sich hin und wieder über eine andere Form der Zuneigung. Lass dich von deiner Kreativität leiten und ergänze die Liste in den nächsten Tagen und Wochen immer wieder mit neuen Ideen!

HIER SIND EINIGE FRAGEN, UM DICH BEI DER FORMULIERUNG DEINER LIEBESSPRACHE ZU INSPIRIEREN:

LOB UND ANERKENNUNG

Welche spannenden Herausforderungen nimmt mein Partner derzeit in seiner beruflichen Laufbahn an?

In welchem Bereich zeigt mein Partner unermüdlichen Einsatz und leidenschaftliches Engagement?

In welchen Bereichen erstrahlt mein Partner durch seine besonderen Talente und Fähigkeiten?

Welche lobenden Worte sollte ich meinem Partner öfter sagen, um seine Leistungen zu würdigen?

ZWEISAMKEIT

Gibt es eine bestimmte Art zu kochen oder ein spezielles Gericht, das wir zusammen zubereiten könnten?

Wie könnten wir Momente der Zweisamkeit in unseren Alltag integrieren?

Welche Sportarten oder körperlichen Aktivitäten könnten wir zusammen ausüben, um unsere Bindung zu stärken?

Gibt es bestimmte Bücher, Filme oder Serien, die wir gemeinsam lesen oder anschauen könnten, um gemeinsame Diskussionen und Gespräche anzuregen?

GESCHENKE

Ist mein Partner ein Fan von bestimmten Künstlern oder Bands, für die ich Konzertkarten besorgen könnte?

Könnte ich ein persönliches Gutscheinheft erstellen, mit Dingen, die mein Partner liebt oder die ihm Entspannung und Freude bereiten?

Was würde meinen Partner glücklich machen?

Hat mein Partner einen Wunsch geäußert, den ich erfüllen könnte?

ZÄRTLICHKEIT

Welche spezielle Art der Berührung schätzt mein Partner besonders und wie kann ich diese häufiger einsetzen?

Gibt es eine spezielle Massage, die meinem Partner gut tut und die ich öfter anbieten könnte?

Könnte ich meinen Partner mit einem entspannenden Bad überraschen?

Wie könnte ich den Alltag mit mehr zufälligen Berührungen bereichern?

Gibt es spezielle Situationen oder Zeiten, in denen mein Partner besonders empfänglich für Zärtlichkeiten ist?

HILFSBEREITSCHAFT

Habe ich eine Fähigkeit, die meinem Partner das Leben erleichtern könnte?

Gibt es bestimmte Aufgaben, die mein Partner immer wieder vor sich herschiebt, die ich aber gerne erledigen würde?

Gibt es Möglichkeiten, wie ich meinen Partner in der persönlichen Entwicklung unterstützen könnte?

LIEBESSPRACHE	IDEE

STREITKULTUR STATT KONFLIKTVERMEIDUNG: ECHTE GLADIATOREN KÄMPFEN FAIR

Wir alle wissen, dass Konflikte unvermeidlich sind, aber wie wir damit umgehen, kann den Unterschied zwischen einer starken und einer zerbrochenen Beziehung ausmachen. Hier sind ein paar Tipps, wie du eine gesunde Streitkultur in deiner Beziehung aufbauen kannst:

BLEIB RESPEKTVOLL

Es ist sehr wichtig, während eines Streits respektvoll zu bleiben. Versuche nicht, deinen Partner persönlich anzugreifen oder zu beleidigen. Konzentriere dich stattdessen auf das Problem und versuche, gemeinsam eine Lösung zu finden.

HÖRE AKTIV ZU

Zuhören ist genauso wichtig wie Reden. Wenn du aktiv zuhörst, zeigst du deinem Partner, dass du ihn verstehst. Wiederhole seine Argumente, um sicherzugehen, dass du alles verstanden hast.

ÜBE KONSTRUKTIVE KRITIK

Kritik kann manchmal schwer zu schlucken sein, aber wenn sie positiv und konstruktiv geäußert wird, kann sie die Beziehung stärken. Versuche, dein Feedback als Chance zur Verbesserung zu formulieren und nicht als Angriff.

MACH EINE PAUSE

Manchmal wird ein Streit zu emotional und es ist besser, eine Pause einzulegen, um sich zu beruhigen und nachzudenken. Verabrede dich mit deinem Partner, um später auf das Problem zurückzukommen und eine Lösung zu finden.

DER SCHADEN IST SCHON DA. WAS TUN?

Was aber, wenn die Beziehung bereits durch Respektlosigkeit geschädigt ist? Hier sind einige Schritte, die du unternehmen kannst, um sie zu reparieren:

- Wenn du dich respektlos verhalten hast, ist es wichtig, Verantwortung zu übernehmen und dich bei deinem Partner zu entschuldigen. Zeige, dass du bereit bist, dich zu bessern, indem du offen für Feedback bist und dein Verhalten änderst.
- Kommunikation ist der Schlüssel zu einer guten Beziehung. Nimm dir Zeit, deinem Partner zuzuhören und zu verstehen, was er sagt. Lerne, deine Gefühle klar und respektvoll auszudrücken.
- Gemeinsam an einer Lösung zu arbeiten, kann die Beziehung stärken. Identifiziere das Problem und arbeite gemeinsam an einer Lösung, die für euch beide akzeptabel ist.

Insgesamt kann eine gesunde Streitkultur dazu beitragen, die Beziehung zu stärken, anstatt sie zu zerstören. Durch Respekt, aktives Zuhören, konstruktive Kritik und gelegentliche Pausen könnt ihr lernen, fair zu streiten und gemeinsam eine Lösung zu finden.

DIE 5 KONFLIKTSCHLEIFEN: WENN SICH DAS DRAMA IMMER WIEDERHOLT – HIER KOMMT DER EXIT-PLAN

Konflikte in Beziehungen können manchmal wie eine endlose Schleife erscheinen, in der sich das Drama immer wieder wiederholt. Konfliktschleifen sind wiederkehrende Muster von Konflikten in Beziehungen. Dabei geraten die Beteiligten immer wieder in ähnliche Situationen, in denen sie die gleichen Argumente oder Vorwürfe austauschen, ohne dass eine Lösung gefunden wird. Konfliktschleifen können sehr belastend sein und führen oft dazu, dass sich die Beteiligten immer weiter voneinander entfernen. Daher ist es wichtig, diese Muster zu erkennen und gezielt zu unterbrechen, um aus dem Teufelskreis auszubrechen.

KONFLIKTSCHLEIFE: RÜCKZUG

Stell dir vor, in Streitmomenten verabschiedet sich jemand regelmäßig vom Diskussionstisch, während der andere verzweifelt nach einer Lösung sucht. Das hinterlässt oft ein Gefühl der Frustration und das Problem bleibt irgendwie im Raum stehen.

Angenommen, ein Paar streitet sich immer wieder über die Aufteilung der Hausarbeit. Die eine Seite ist genervt, weil sie das Gefühl hat, immer alles allein machen zu müssen, während die andere Seite sich eher in der Zuschauerrolle wohlfühlt und sich gerne mal aus dem Staub macht. Versucht die genervte Seite das Thema anzusprechen, stößt sie auf taube Ohren und die andere Seite schaltet auf Durchzug.

WIE GEHT'S NUN WEITER?

Eine Idee könnte sein, den anderen erst einmal nicht weiter unter Druck zu setzen und Zeit und Raum zu geben, die eigenen Gedanken zu ordnen. Statt den Zeigefinger zu heben oder Vorwürfe zu machen, könnte man auch Verständnis zeigen, wenn man gerade keine Lust auf ein Gespräch hat. Man könnte signalisieren, dass man das Gespräch später sucht. Die andere Seite könnte zugeben, dass man sich oft wegduckt und damit das Problem nur verschlimmert. Wenn die Fluchttendenz spürbar wird, könnte man versuchen, aktiv zuzuhören und gemeinsam nach einer Lösung zu suchen, anstatt das Problem zu ignorieren.

Ein weiterer hilfreicher Schritt kann sein, gemeinsam Regeln aufzustellen, wie ihr im Streitfall miteinander umgeht. Einigt euch darauf, dass ihr respektvoll miteinander umgeht und jeder die Möglichkeit hat, seine Gedanken und Gefühle zu äußern, bevor ihr nach einer Lösung sucht.

ZUSAMMENGEFASST: Ein tieferes Verständnis für die eigenen Verhaltensweisen und Bedürfnisse sowie eine offene und respektvolle Kommunikation können dabei helfen, dem ewigen Rückzugskarussell zu entkommen und gemeinsam eine Lösung zu finden.

KONFLIKTSCHLEIFE: VORWÜRFE - PING-PONG DER SCHULDZUWEISUNGEN

Manchmal verfallen beide Partner in einen Schlagabtausch von Vorwürfen, bei dem jeder versucht, dem anderen die Schuld in die Schuhe zu schieben, anstatt gemeinsam nach einer Lösung zu suchen.

Ein Beispiel: Einer wirft dem anderen vor, ständig zu spät nach Hause zu kommen und dadurch gemeinsame Verabredungen (Kino, Abendessen etc.) platzen lässt.
Die Person, die auf der Anklagebank sitzt, verteidigt sich und schlägt zurück, indem sie dem anderen vorhält, null Verständnis für den Arbeitsstress zu haben. Ehe man es sich versieht, ist man in einer Spirale gegenseitiger Beschuldigungen gefangen, und jeder beharrt auf seinem Standpunkt. Die Schuldzuweisungen fliegen hin und her, aber eine Lösung ist nicht in Sicht.

WIE KOMMT MAN DA RAUS?

Um aus diesem Pingpong der Vorwürfe herauszukommen, wäre es hilfreich, wenn beide versuchen würden, die Sichtweise des anderen zu verstehen und sich in seine Lage zu versetzen. Anstelle mit dem Finger auf deinen Partner zu zeigen, könntest du deine Wünsche und Erwartungen offen ansprechen und gemeinsam nach einer Lösung suchen. Wie so oft bildet eine offene und respektvolle Kommunikation die Grundlage. Ein weiterer sinnvoller Schritt könnte das Treffen einer klaren Vereinbarung sein, wie du in Zukunft mit solchen Situationen umgehen möchtest, um ähnliche Konflikte zu vermeiden.

KONFLIKTSCHLEIFE: SCHWEIGEN - DIE STILLE, DIE BELASTET

Das Muster des Schweigens in einer Beziehung ist ein verbreitetes Problem. Oft vermeiden beide Partner jegliche Konfrontation und reden nicht über ihre Probleme und Gefühle. Auf Dauer kann dieses Verhalten zu einer schweren Belastung für die Beziehung werden, da Probleme unbehandelt bleiben und sich mit der Zeit anhäufen. Dieses Schweigen zu durchbrechen kann eine echte Herausforderung sein, aber es gibt verschiedene Ansätze, wie z. B. offene Kommunikation, aktives Zuhören, Ich-Botschaften, die helfen können, wieder miteinander ins Gespräch zu kommen und die Beziehung zu stärken.

Ein Beispiel: Nehmen wir an, Anna und Max sind schon seit Jahren ein Paar. In letzter Zeit spürt Max eine Distanz zwischen ihm und Anna. Sie wirkt verschlossen und distanziert, wenn sie ihre Gedanken und Gefühle mit ihm teilt. Max fühlt sich missverstanden und unsicher, doch er traut sich nicht, Anna darauf anzusprechen, aus Angst vor einem Streit. Auch Anna merkt, dass etwas in ihrer Beziehung schief läuft, aber sie findet nicht die richtigen Worte, um ihre Gefühle auszudrücken. Sie hat Sorge, Max zu verletzen oder zu verärgern, und deshalb schweigt sie lieber. Auf diese Weise bleibt das Problem zwischen ihnen ungelöst und die Kluft zwischen ihnen wird immer größer. Sie sind in der Schweigespirale gefangen.

WIE KOMMT MAN DA RAUS?

1. Direkte Kommunikation: Der erste und einfachste Schritt, um das Schweigen zu durchbrechen, ist, das Gespräch zu suchen. Es ist wichtig, die Probleme und Gefühle, die bisher nicht ausgesprochen wurden, auf den Tisch zu legen. Sei dabei ehrlich, aber vermeide es, den anderen zu beschuldigen oder zu kritisieren. Spreche von deinen eigenen Gefühlen und Bedürfnissen.

2. Aktives Zuhören: Wenn der andere spricht, versuche wirklich zuzuhören und zu verstehen, was er sagt. Zeige Interesse und Respekt für die Gefühle und Ansichten des anderen.

3. Emotionale Intelligenz: Es kann hilfreich sein, sich seiner eigenen Emotionen und der Emotionen des anderen bewusst zu sein. Versuche zu verstehen, welche Emotionen hinter dem Schweigen stehen und wie sie die Beziehung beeinflussen.

4. Konstruktive Konfrontation: Dieser Ansatz beinhaltet das offene und ehrliche Ansprechen von Konflikten, wobei jeder Teilnehmer seine Gefühle und Wahrnehmungen ausdrückt, ohne die andere Person anzugreifen oder zu beschuldigen. Es geht darum, respektvoll und mit dem Ziel der Lösungsfindung zu kommunizieren.

Einsatz von "Ich-Botschaften": Anstelle von "Du hast..." oder "Du bist..."- Aussagen, die oft als Angriff wahrgenommen werden und Abwehrmechanismen auslösen können –, helfen "Ich-Botschaften" dabei, die eigenen Gefühle und Bedürfnisse auszudrücken, ohne den anderen zu beschuldigen.

KONFLIKTSCHLEIFE: KONTROLLE

Diese Art der Konfliktschleife entsteht, wenn ein Partner in einer Beziehung versucht, den anderen zu steuern oder zu kontrollieren, bis hin zu einer ständigen Überwachung. Dies führt häufig dazu, dass sich der andere Partner eingeschränkt und bevormundet fühlt, was wiederum zu Konflikten führen kann.

Nehmen wir folgendes Beispiel: Mario kontrolliert Luisa ständig, vor allem in Bezug auf ihre Freizeitaktivitäten. Ständig fragt Mario nach, mit wem Luisa unterwegs ist und wann sie genau nach Hause kommt. Luisa fühlt sich durch dieses Verhalten in ihrer Freiheit eingeschränkt und bevormundet, was unweigerlich zu Konflikten führt. Doch nicht nur das, auch Marios Verhalten hat Auswirkungen auf Luisas Selbstwertgefühl. Sie beginnt zu zweifeln, ob sie wirklich selbstständig Entscheidungen treffen kann und ob ihre Meinung überhaupt zählt.

Es ist wichtig zu verstehen, dass Kontrolle in einer Beziehung nichts mit Liebe oder Fürsorge zu tun hat. Im Gegenteil: Es zeigt ein tiefes Misstrauen dem Partner gegenüber und eine Unfähigkeit zur Akzeptanz seiner Individualität.

EXIT-STRATEGIE:
Kommunikation ist die Grundlage jeder guten Beziehung. Du und dein Partner solltet immer offen über eure Gefühle, Bedürfnisse und Grenzen sprechen. Klare Absprachen können dabei sehr hilfreich sein und eine gute Balance zwischen Zeit für sich und Zeit miteinander schaffen. Wichtig ist, dass diese Absprachen fair sind und auch eingehalten werden. Und nicht zu vergessen: regelmäßig überprüfen und anpassen, denn in einer Beziehung ändert sich immer etwas.

Vertrauen ist das A und O. Ohne Vertrauen keine Bindung, keine Intimität. Wie baut man Vertrauen auf? Ganz einfach: indem man respektvoll und ehrlich miteinander umgeht. In unserem Beispiel könnte Mario versuchen, Luisa mehr Freiheiten zu lassen und sehen, wie sie damit umgeht. Luisa wiederum könnte offen über ihre Pläne sprechen, um Marios Vertrauen zu stärken. Mit diesen Schritten sind sie auf dem besten Weg zu einer starken, gesunden Beziehung.

KONFLIKTSCHLEIFE: ESKALATION

In dieser Art von Konfliktsituation schaukelt sich die Situation immer weiter auf, es ist, als ob beide Partner auf einem Karussell sitzen, das sich immer schneller dreht. Statt sich einer Lösung zu nähern, provozieren sich beide Seiten gegenseitig, und die Reaktionen werden immer feindseliger. Die eigentlichen Konfliktursachen geraten dabei oft völlig aus dem Blick und es geht nur noch darum, wer das letzte Wort hat und die Kontrolle behält.

Schauen wir uns ein Beispiel an: Ein Paar streitet darüber, wer schuld an einer bestimmten Situation ist. Beide bestehen darauf, recht zu haben und argumentieren heftig miteinander. Die Worte werden immer lauter und aggressiver, bis es zu persönlichen Angriffen kommt. Am Ende eskaliert der Streit so sehr, dass sich beide nur noch anschreien und sich gegenseitig Vorwürfe machen.

DER AUSWEG:

Um aus dieser Eskalationsspirale herauszukommen, muss zunächst einmal die erhitzte Atmosphäre abkühlen. Hierfür ist eine Pause notwendig. Beide Seiten sollten sich die Zeit nehmen, wieder runterzukommen und ihre Emotionen in den Griff zu bekommen. Danach ist es wichtig, sich auf den eigentlichen Auslöser des Streits zu konzentrieren und gemeinsam nach einer Lösung zu suchen. Eine offene und ehrliche Kommunikation kann hierbei sehr hilfreich sein. Versuche, Schuldzuweisungen und Angriffe zu vermeiden und konzentriere dich auf das Problem, nicht auf die Person. Mit dieser Strategie kann die Eskalationsschleife durchbrochen und der Weg für eine konstruktive Lösung geebnet werden.

IMPULS:

Legt ein Codewort fest, das eine Eskalation unterbricht und eine Pause einleitet.

DIE KUNST, KOMPROMISSE ZU SCHLIESSEN, ODER: WIE MAN SICH NICHT DIE KÖPFE EINSCHLÄGT

Die Fähigkeit, Kompromisse zu schließen, ist ein wichtiger Bestandteil jeder erfolgreichen Beziehung. Es geht darum, aufeinander zuzugehen und eine Einigung zu finden, um Konflikte zu lösen. Wenn man sich mit seinem Partner streitet und keiner nachgibt, kann es schwierig sein, einen Kompromiss zu finden. Es ist jedoch wichtig, die Bedürfnisse des anderen zu berücksichtigen, damit Situationen nicht eskalieren und eure Beziehung gefährden.

Ein Kompromiss bedeutet aber nicht, dass man sich selbst aufgeben oder ständig nachgeben muss. Es geht darum, eine Vereinbarung zu finden, mit der beide zufrieden sind, um den Streit zu beenden. Dies erfordert Offenheit, Ehrlichkeit und die Fähigkeit, aufeinander zu zugehen.

Techniken wie aktives Zuhören, Ich-Botschaften und Problemlösungsstrategien können eingesetzt werden, um den Kompromissprozess zu erleichtern. Aktives Zuhören bedeutet, dass jeder Partner aufmerksam zuhört und versucht, die Perspektive des anderen zu verstehen. Ich-Botschaften sind eine Möglichkeit, die eigenen Gefühle und Bedürfnisse auszudrücken, ohne den anderen anzugreifen. Problemlösungsstrategien können helfen, den Prozess der Kompromissfindung zu strukturieren und zu erleichtern.

AKTIVES ZUHÖREN:

Aktives Zuhören ist eine Technik, bei der man dem Gesprächspartner bewusst zuhört, um ihn besser zu verstehen und Missverständnisse zu vermeiden. Dabei geht es nicht nur um das Verstehen des Gesagten, sondern auch um die nonverbale Kommunikation, wie zum Beispiel die Körpersprache. Eine wichtige Voraussetzung dafür ist eine offene und respektvolle Haltung gegenüber dem Partner. Die Ziele sind eine bessere Kommunikation und ein tieferes Verständnis füreinander.

EIN BEISPIEL
Stell dir vor, dein Partner kommt gestresst von der Arbeit nach Hause und fängt sofort an, sich zu beschweren. Wenn du aktiv zuhörst, könntest du z. B. fragen, wie sein Tag war, wie er sich gefühlt hat und welche konkreten Probleme ihn beschäftigt haben. So kannst du die Situation besser verstehen und deinem Partner zeigen, dass du dich für seine Gefühle interessierst.

ICH-BOTSCHAFTEN:

Ich-Botschaften sind eine Kommunikationstechnik, bei der der Sprecher seine eigene Sichtweise und Gefühle ausdrückt, ohne den Gesprächspartner anzugreifen oder zu beschuldigen. Die Technik zielt darauf ab, sich auf die eigene Wahrnehmung zu konzentrieren, anstatt dem Gesprächspartner Vorwürfe zu machen. Dadurch wird es möglich, konstruktiv über Probleme zu sprechen, ohne den Partner zu verletzen oder in die Defensive zu drängen.

EIN BEISPIEL: Wenn du das Gefühl hast, dass dein Partner dich oft vernachlässigt, könntest du eine Ich-Botschaft verwenden und sagen: „Ich fühle mich traurig und enttäuscht, wenn ich das Gefühl habe, dass wir nicht genug Zeit miteinander verbringen.“ Auf diese Weise drückst du deine eigenen Gefühle aus, ohne deinen Partner anzugreifen.
Ein anderes Beispiel für eine Ich-Botschaft könnte sein: „Ich

IN EINER
BEZIEHUNG IST
KOMMUNIKATION DAS
FUNDAMENT, AUF
DEM SICH DIE LIEBE
AUFBAUT.

fühle mich verletzt, wenn du abends spät nach Hause kommst, ohne mir vorher Bescheid zu sagen. Ich mache mir Sorgen und möchte wissen, wo du bist und ob alles in Ordnung ist." Auch hier liegt der Fokus auf den eigenen Gefühlen und Bedürfnissen, ohne den Partner direkt zu beschuldigen oder anzugreifen.

PROBLEMLÖSUNGSSTRATEGIEN:

Problemlösungsstrategien sind Techniken, die helfen, Konflikte zu lösen und gemeinsame Lösungen zu finden. Ein wichtiger Aspekt bei der Problemlösung ist, dass beide Partner aktiv daran beteiligt sind und bereit sind, Kompromisse einzugehen. Problemlösungsstrategien können helfen, eine faire und ausgewogene Lösung zu finden, die für beide Partner akzeptabel ist.

BEISPIEL: Wenn du und dein Partner euch nicht einig seid, wie ihr das Wochenende verbringen wollt, könntet ihr eine Problemlösungsstrategie anwenden. Ihr könntet darüber sprechen, was euch an einem Wochenende wichtig ist und wie ihr das miteinander vereinbaren könnt. Ihr könntet z. B. vereinbaren, dass ihr am Samstag gemeinsam etwas unternehmt, was euch beiden Spaß macht, und dass ihr am Sonntag getrennten Aktivitäten nachgeht. Auf diese Weise kann jeder seine Bedürfnisse befriedigen und es wird ein Kompromiss gefunden. Ein weiteres Beispiel für eine Problemlösungsstrategie wäre, wenn ihr euch nicht einig seid, in welches Restaurant ihr zum Abendessen gehen wollt. Ihr könntet gemeinsam nach Restaurants suchen, die euch beiden gefallen, und eine Liste erstellen. Dann könnt ihr die Liste durchgehen und euch für ein Restaurant entscheiden, das für beide Partner akzeptabel ist.

Es ist normal, dass es in einer Beziehung Meinungsverschiedenheiten gibt, aber sie müssen nicht zwangsläufig zu einem Streit führen. Wer lernt, Kompromisse zu schließen und offen zu kommunizieren, kann Konflikte friedlich und respektvoll lösen. Eine gesunde Beziehung besteht aus Geben und Nehmen, und Kompromisse sind der Schlüssel dazu, dass beide Partner ihre Bedürfnisse befriedigen können. Wenn immer beide daran arbeiten, kann eure Beziehung stabil sein und unnötige Eskalationen können vermieden werden.

STREITSCHLICHTUNG FÜR FORTGESCHRITTENE:

Wir alle haben sie schon erlebt, diese Momente, in denen eine Beziehung in den Sturm gerät. Streitigkeiten sind natürlich und gesund, solange sie auf konstruktive Weise behandelt werden. Aber was passiert, wenn das Gespräch heiß wird und sich zu einem gewaltigen Sturm entwickelt? Hier sind Deeskalationstipps, um den Streit zu beenden und die Kommunikation in eurer Beziehung wieder auf Kurs zu bringen.

EINEN SCHRITT ZURÜCKTRETEN: Manchmal braucht es nur ein wenig Abstand, um die Situation klarer zu sehen. Wenn ihr merkt, dass die Dinge zu heiß werden, nehmt euch einen Moment Zeit, um euch zu beruhigen und zu reflektieren.

SPRECHT ÜBER EURE GEFÜHLE, NICHT ÜBER DIE TATSACHEN: Oft geht es in einem Streit nicht um das, was passiert ist, sondern darum, wie es euch fühlen lässt. Versucht, eure Gefühle zu kommunizieren, anstatt euch auf die Tatsachen zu konzentrieren.

BERUHIGENDE ATEMÜBUNGEN:
Wenn du in einen Streit gerätst, bist du im Kampfmodus - auch körperlich. Beruhigende Atemübungen können helfen, die emotionale Erregung zu reduzieren. Ein Beispiel ist die 4-7-8-Atmung, bei der man vier Sekunden einatmet, sieben Sekunden die Luft anhält und acht Sekunden ausatmet. Entspannung trägt zur Deeskalation bei. Versuche dich locker zu machen: Arme und Beine ausschütteln, kurz auf der Stelle hüpfen und tief ausatmen. Wenn die Muskelspannung nachlässt, fühlst du dich automatisch entspannter, strahlst diese Entspannung aus und lässt so unbewusst auch dein Gegenüber ruhiger werden.

KONZENTRIERT EUCH AUF DIE GEGENWART: Es ist leicht, alte Streitigkeiten oder Fehler in aktuelle Konflikte hineinzutragen, aber das kann oft mehr Schaden anrichten. Versucht, euch auf das aktuelle Problem zu konzentrieren und die Vergangenheit ruhen zu lassen. Vermeide absolute No-Gos wie Sarkasmus, Schimpfwörter und Ironie in einem Streit. Damit kommst du zu keiner effektiven Lösung. Außerdem solltest du auf keinen Fall auf die Schwächen deines Gegenübers anspielen, denn das ist sehr verletzend.

GEWALTFREIE KOMMUNIKATION: Gewaltfreie Kommunikation (GFK), auch “Sprache des Lebens” genannt, ist eine von Marshall Rosenberg entwickelte Methode. Sie zielt darauf ab, die Kommunikation zu verbessern und Konflikte zu lösen oder zu entschärfen. Hier sind einige grundlegende Schritte und Prinzipien, die in der Gewaltfreien Kommunikation verwendet werden:

1. **BEOBACHTUNG:** Beschreibe eine Situation oder ein Verhalten, ohne Interpretationen oder Bewertungen hinzuzufügen.

2. **Gefühl:** Teile deine eigenen Emotionen und drücke aus, wie du dich in der Situation fühlst.
3. **Bedürfnis:** Identifiziere das Bedürfnis hinter deinem Gefühl und formuliere es klar und präzise.
4. **Bitte:** Formuliere eine klare Bitte an die andere Person, um dein Bedürfnis zu erfüllen.

Diese Schritte helfen, Missverständnisse zu vermeiden und Konflikte konstruktiv anzugehen. Gewaltfreie Kommunikation basiert auch auf bestimmten Prinzipien wie Einfühlungsvermögen in sich selbst und in andere sowie Respekt vor den Wünschen anderer. Eine wichtige Erkenntnis der Gewaltfreien Kommunikation ist die Unterscheidung zwischen Beobachtungen (was tatsächlich passiert) und Interpretationen (wie wir diese Ereignisse interpretieren). Oft neigen wir dazu, unsere eigene Sichtweise als objektiv wahrzunehmen. Tatsächlich aber sind viele unserer Gedanken von Vorurteilen oder persönlichen Erfahrungen geprägt.

Wenn wir unsere Gedanken bewusster wahrnehmen, verstehen wir unsere Reaktionen besser, werden empathischer und lösen Konflikte effektiver. Gewaltfreie Kommunikation fördert neben der Problemlösung auch die Selbstreflexion, die für ein bewussteres und erfüllteres Leben hilfreich ist.

ÜBUNG HERZENSBRÜCKE:

In dieser Übung geht es darum, in die Welt der Übergangsmomente einzutauchen. Warum sind sie so wichtig für eure Beziehung? Übergangsmomente im Alltag sind eine gute Gelegenheit, unsere Beziehungen zu stärken und den Tag positiv zu gestalten. Aber oft lassen wir uns in diesen Momenten von unseren Gefühlen leiten, ohne uns der Konsequenzen bewusst zu sein.

Nehmen wir z. B. an, wir kommen nach einem langen, anstrengenden Arbeitstag nach Hause. Es wäre leicht, mit einem kurzen "Hallo" ins Haus zu stolpern, sich vor den Fernseher zu setzen und sich dem Rest der Welt zu entziehen. Diese Art der Interaktion kann jedoch dazu führen, dass sich unser Gegenüber zurückgewiesen oder ignoriert fühlt.

Das Geheimnis liegt in den ersten 30 Sekunden - den Übergangsmomenten, die wir in Momente des Herzens verwandeln können. Indem wir einen Moment innehalten und bewusst entscheiden, wie wir diesen Moment gestalten wollen, können wir den gesamten Verlauf des Abends und die Qualität unserer Beziehung positiv beeinflussen. Anstatt das Haus zu betreten und uns zu verschließen, könnten wir unsere Partner herzlich begrüßen, ihnen von unserem Tag erzählen und um etwas Ruhe bitten, wenn wir sie brauchen. Auf diese Weise zeigen wir unseren Partnern, dass wir sie schätzen und respektieren, auch wenn wir uns erschöpft fühlen.

Zweifellos sind dies die wertvollsten 30 Sekunden, die wir täglich in unsere Beziehung und in ein glücklicheres Leben investieren. Durch die bewusste Gestaltung dieser Übergangsmomente können wir eine stärkere und liebevollere Verbindung zu den Menschen in unserem Leben aufbauen und letztendlich einen positiveren und erfüllteren Alltag schaffen.

Wir nennen diese Übung "Herzensbrücke", weil sie uns hilft, eine Verbindung zwischen den verschiedenen Situationen unseres Alltags herzustellen und unsere Herzen zu verbinden.

Die wichtigsten Übergangspunkte sind z. B. das Aufstehen, das Frühstück, die Verabschiedung am Morgen, das Nachhausekommen und das Schlafengehen. Es ist an der Zeit, diese Übergänge bewusst zu gestalten und zu Momenten des Herzens zu machen!

Die Aufgabe besteht darin, die verschiedenen Übergangspunkte in eurem Alltag aufzulisten und zu überlegen, wie ihr sie gestalten könnt.

____

____

____

Überlegt euch, welche visuellen Hinweise euch helfen könnten, euch an eure besonderen Momente zu erinnern. Platziert dann diesen visuellen Anhaltspunkt an dem Ort, an dem dieser Moment stattfinden soll oder an einem Ort, der euch an diesen Moment erinnert.

____

____

____

ÜBUNG 5:1-METHODE

Die 5:1-Methode stammt aus der Psychologie und besagt, dass jedem negativen Ereignis oder Gefühl mindestens fünf positive Ereignisse oder Gefühle gegenüberstehen sollten, um eine Beziehung gesund und glücklich zu erhalten.

SUCHT EUCH EINEN RUHIGEN ORT: Findet einen Ort, an dem ihr ungestört seid, und nehmt euch mindestens eine Stunde Zeit für diese Übung.

SCHREIBT POSITIVE DINGE AUF: Jeder von euch sollte **fünf Dinge aufschreiben, die er an dem anderen schätzt** und liebt. Das können bestimmte Verhaltensweisen, Gewohnheiten, Charaktereigenschaften oder besondere Momente sein, die ihr miteinander geteilt habt.

SCHREIBT ETWAS NEGATIVES AUF: Danach soll jeder von euch eine Sache aufschreiben, die er am anderen gerne verbessern würde.

BESPRECHT EURE LISTEN: Teilt nun eure Listen miteinander und besprecht sie. Beginnt immer mit den positiven Punkten. Gebt einander die Chance, sich zu den negativen Punkten zu äußern, und versucht gemeinsam, eine Lösung oder Verbesserungsmöglichkeit zu finden.

WIEDERHOLT DIESE ÜBUNG: Macht diese Übung regelmäßig, z. B. **einmal im Monat.** Dadurch könnt ihr nicht nur eure Kommunikation verbessern, sondern auch eine Atmosphäre der Wertschätzung und des Respekts schaffen.

Diese Übung hilft euch, den Fokus auf die positiven Aspekte eurer Beziehung zu legen, bietet aber auch Raum für Verbesserungen und persönliches Wachstum. Es ist wichtig, dass ihr beide offen und respektvoll miteinander umgeht und bereit seid, an den genannten Punkten zu arbeiten.

IMPULS:

Lenke deinen Fokus bewusst auf das Positive in jeder Situation, um deine Wahrnehmung und Stimmung zu verbessern.

4.

VERTRAUEN - DER KITT, DER EURE BEZIEHUNG ZUSAMMENHÄLT

VERTRAUEN ALS FUNDAMENT: WIE ES BEZIEHUNGEN STÄRKT UND ZUSAMMENHÄLT

Vertrauen ist ein zentraler Faktor für das Gelingen von Beziehungen. Es ist der Kitt, der das Band zwischen den Partnern stärkt und sie langfristig zusammenhält. Ohne Vertrauen kann eine Beziehung schnell in Unsicherheit und Misstrauen versinken, was wiederum zu Konflikten und einem möglichen Ende führen kann. Vor diesem Hintergrund sind der Aufbau und die Pflege von Vertrauen wichtige Aspekte, die in jeder Beziehung berücksichtigt werden sollten.

OHNE VERTRAUEN GEHT GAR NICHTS: WARUM DU BESSER NICHT VERSUCHST, HEIMLICH DAS HANDY DEINES PARTNERS ZU DURCHFORSTEN

Vertrauen ist die Basis jeder Beziehung. Misstraut man seinem Partner, kann das zu Missverständnissen, Unsicherheiten und Ängsten führen. Manche Menschen versuchen, ihre Unsicherheiten zu überwinden, indem sie heimlich das Handy ihres Partners durchsuchen, um herauszufinden, ob er etwas zu verbergen hat. Aber wenn wir ehrlich sind, ist das sicher keine gute Idee.

GRÜNDE, WARUM DU BESSER NICHT HERUMSCHNÜFFELN SOLLTEST!

1. Das Telefon des Partners zu durchsuchen, um Beweise für Untreue zu finden, ist ein weit verbreitetes Verhalten in Beziehungen nach einem Seitensprung. Es ist jedoch wichtig zu wissen, dass dieses Verhalten nichts mit dem zu tun hat, was der Partner in der Gegenwart tut. Es kann sogar zum Ende einer Beziehung führen, wenn der Partner herausfindet, dass sein Telefon durchsucht wurde. Es gibt viele Gründe, warum man es vermeiden sollte, das Telefon des Partners zu durchsuchen, einschließlich der Verletzung des Vertrauens und der Privatsphäre.

2. Wenn du dich dabei ertappst, dass du ungeduldig auf die Toilettenpause deines Partners wartest, um schnell seine SMS zu lesen, ist es wahrscheinlich, dass du dich nicht mehr als vertrauenswürdige, ehrliche und selbstrespektierende Person wahrnimmst. Heimliches Schnüffeln führt oft zu Schamgefühlen und einem sinkenden Selbstwertgefühl. Wenn man dem Bedürfnis nach Kontrolle und Überwachung nachgibt, kann es zu einer regelrechten Besessenheit werden.

3. Das heimliche Durchsuchen des Telefons oder der Nachrichten des Partners untergräbt das Vertrauen und die Nähe in einer Beziehung. Selbst wenn du tatsächlich belastende Informationen findest, verlierst du deine moralische Überlegenheit, wenn du diese Informationen heimlich beschaffst.

Die Offenlegung deiner Schnüffelei führt oft zu einer schweren Vertrauenskrise, die nur schwer zu beheben ist.

4. Wenn du heimlich Telefongespräche und Textnachrichten abhörst, machst du dich selbst schwächer und gibst Macht an deinen Partner ab. Eine gesunde Beziehung basiert auf Gleichberechtigung und Respekt, nicht auf Kontrolle und Überwachung. Wenn du den Verdacht hast, dass dein Partner untreu ist, ist es besser, ihn direkt anzusprechen und um mehr Transparenz zu bitten, als heimlich zu spionieren.

WAS IST ZU TUN, WENN DU BEFÜRCHTEST, DASS DEIN PARTNER UNTREU IST?

Zunächst solltest du dich fragen, warum du glaubst, dass dein Partner untreu ist. Hast du einen konkreten Verdacht, dass dein Partner untreu sein könnte? Oder haben deine Befürchtungen vielleicht mit Vertrauensproblemen in der Vergangenheit oder früheren Erfahrungen mit Untreue zu tun? Es ist wichtig, dass du dir über die Gründe für deine Sorgen im Klaren bist. Wenn es konkrete Anzeichen gibt, wie z. B. seltsames Verhalten oder heimliche Telefonate, solltest du das Gespräch mit deinem Partner suchen und offen darüber sprechen.

Wenn es jedoch keine eindeutigen Beweise gibt und dein Verdacht eher auf Unsicherheit beruht, solltest du vorsichtig sein. Es kann gefährlich sein, ohne ausreichende Beweise Vorwürfe zu erheben und damit möglicherweise eine Beziehung zu zerstören.

In jedem Fall ist eine offene Kommunikation der Schlüssel zur Lösung des Problems. Sprich mit deinem Partner über deine Bedenken und höre dir auch seine Sicht der Dinge an.

Versucht gemeinsam herauszufinden, woher die Sorgen kommen und was man dagegen tun kann.

Untreue in einer Beziehung kann sehr schmerzhaft sein - sowohl für den betrogenen als auch für den untreuen Partner. Bevor man jedoch vorschnelle Entscheidungen trifft oder falsche Anschuldigungen ausspricht, sollte man immer versuchen, miteinander zu reden, um Missverständnisse auf beiden Seiten auszuräumen.

Wenn es tatsächlich zu einem Seitensprung gekommen ist, muss man sich entscheiden, ob man die Beziehung fortsetzen will oder nicht. Eine Entscheidung sollte jedoch nie überstürzt getroffen werden - man braucht Zeit, um die Situation zu verarbeiten und herauszufinden, was das Beste ist.

BRÖCKELNDE FASSADE? WIE MAN ALS PAAR WIEDER ZUSAMMENFINDET UND DAS VERTRAUEN STÄRKT

Vertrauen ist die Basis jeder Beziehung. Leider kann dieses Vertrauen auch zerstört werden. Oft ist Untreue die Ursache, manchmal auch die Folge, wenn ein Partner die Erwartungen des anderen nicht erfüllt und damit das Vertrauensgefühl verrät. Wenn Erwartungen und Grenzen in einer Beziehung nicht offen kommuniziert werden, kann dies zu einem Vertrauensbruch führen. Unabhängig davon, aus welchem Grund das Vertrauen gestört ist, gibt es immer noch Hoffnung. Beide Partner können daran arbeiten, das Vertrauen in der Beziehung wieder aufzubauen, aber das erfordert Engagement und Arbeit von beiden Seiten.

DIE BEREITSCHAFT BEIDER SEITEN, AN DER BEZIEHUNG ZU ARBEITEN

Es braucht immer zwei, um Vertrauen wieder aufzubauen. Das bedeutet auch, dass die Person, die das Vertrauen verletzt hat, bereit sein muss, den „Bruch“ zu reparieren. Der andere muss bereit sein zu verzeihen.

Der erste Schritt zur Wiederherstellung des Vertrauens besteht also darin, sich zu vergewissern, dass beide Seiten bereit sind, die notwendige Arbeit zu investieren.

EINE ENTSCHULDIGUNG IST NOTWENDIG!

Neben der Bereitschaft erfordert der Wiederaufbau von Vertrauen eine aufrichtige Entschuldigung. Unabhängig davon, ob es sich um einen Brief, ein bedeutungsvolles Gespräch, mehrere Gespräche oder eine andere Form der Entschuldigung handelt, ist es wichtig, dass die Person ihr Bedauern und ihren Wunsch, die Beziehung zu reparieren, zum Ausdruck bringt.

DIE ERFAHRUNG REFLEKTIEREN

Um das Vertrauen in die Beziehung wiederherzustellen, müssen sich beide Partner auch Zeit nehmen, um in sich zu gehen, ihren emotionalen Raum einzuschätzen und aus der Erfahrung zu lernen. Überlege, was dir oder deinem Partner am meisten wehgetan hat und was das Vertrauen zerstört hat. Was hat das in dir ausgelöst? Wie fühlst du dich jetzt nach all dem, was passiert ist?

MACHT GEMEINSAM NEUE ERFAHRUNGEN

Eine positive Erfahrung wird die Energie jedes Paares verändern. Unternehmt etwas, das euch zum Lachen bringt und euch auf eine positive Weise verbindet. Diese Erfahrungen bringen Hoffnung in die Beziehung und erinnern beide daran, dass sie zu glücklichen Interaktionen fähig sind.

FRAGE DICH, WAS DU BRAUCHST

Kommunikation ist der Schlüssel zu einer starken Beziehung. Sei deshalb ehrlich zu dir selbst, was du von deinem Partner erwartest, um Vertrauen zurückzugewinnen. Was würde dir helfen, dich in deiner Beziehung unterstützt und sicher zu fühlen? Wenn du das herausgefunden hast, sprich mit deinem Partner klar und offen darüber.

KONZENTRIERE DICH AUF DIE ZUKUNFT

Um die Vergangenheit hinter dir zu lassen, müssen du und dein Partner sich auf das konzentrieren, was vor euch liegt, anstatt sich mit den Fehlern der Vergangenheit zu beschäftigen. Sprecht offen und ehrlich darüber, wie ihr in eine neue Phase eurer Beziehung gehen wollt. Entwickelt gemeinsam eine Vision eurer Zukunft und besprecht kurz- und langfristige Ziele.

VON GEHEIMNISSEN UND EIFERSUCHT: WIE MAN BEZIEHUNGSPROBLEME LÖST UND INTIMITÄT DURCH OFFENE KOMMUNIKATION UND VERTRAUEN AUFBAUT

Dramatisch ausgedrückt kann aus einer gleichberechtigten Partnerschaft eine unangenehme Beziehung zwischen Wärter und Gefangenem entstehen. Eifersucht ist eine natürliche menschliche Emotion und kann in Maßen sogar förderlich für eine Beziehung sein. Wenn jedoch nicht darüber gesprochen wird, kann Eifersucht schnell ungesund werden und zu einer Kluft zwischen den Partnern führen. Ein angemessenes Maß an Eifersucht kann Paaren helfen, einander nicht als selbstverständlich hinzunehmen, und sie motivieren, sich bewusst darum zu bemühen, dass der Partner sich geschätzt, begehrt und geliebt fühlt.

Studien zeigen, dass kontrollierte Eifersucht unser emotionales Wohlbefinden steigert und sogar dazu führen kann, dass Liebe intensiver empfunden und Sex leidenschaftlicher erlebt wird. Übermäßige oder intensive Eifersucht kann jedoch quälend sein und zu Kontrollverhalten führen, das die Beziehung zerstören kann.

VERGANGENE ERFAHRUNGEN UND MANGELNDES SELBSTWERTGEFÜHL

In einer Beziehung ist es wichtig, über unser emotionales Gepäck zu sprechen und zu verstehen, warum wir uns so fühlen, wie wir uns fühlen. Vielleicht wurden wir in früheren Beziehungen betrogen oder wir sind unsicher wegen unseres Aussehens. Wir müssen verstehen, was die Ursache unserer Eifersucht ist, ob sie von vergangenen Erfahrungen oder einem niedrigen Selbstwertgefühl herrührt und wie sie sich auf unsere gegenwärtige Beziehung auswirkt. Zuhören ist der Schlüssel, um die Ängste zu verstehen, und beide Partner können daraus lernen und sich wieder annähern.

EHRLICHKEIT IST DIE BESTE POLITIK

Wenn es keinen Grund für Misstrauen gibt, gibt es auch keinen Grund für Geheimnisse. Transparenz schafft Sicherheit und gibt dem eifersüchtigen Partner die Gewissheit, dass ihm nichts verheimlicht wird. Dennoch ist es wichtig, Ruhe zu bewahren und eine offene Kommunikation zu führen,

DAS GRÖSSTE
GUT, DAS MAN
JEMANDEM GEBEN
KANN, IST DAS
ABSOLUTE
VERTRAUEN.

- FRIEDRICH NIETZSCHE -

wenn Vorwürfe erhoben werden. Eine Abwehrhaltung löst das Problem nicht und schafft weitere Unsicherheiten. Stattdessen sollten beide Partner gemeinsam über Verhaltensweisen sprechen, die verletzend oder schädlich für die Beziehung sind, und eine Lösung finden, um diese Verhaltensmuster zu korrigieren. Es ist wichtig, sich an die positiven Dinge und Gründe zu erinnern, warum man zusammen ist. Verharmlose deine Sorgen nicht!

Wenn dein Partner eifersüchtig ist oder glaubt, dass du Geheimnisse vor ihm hast, kann das lächerlich klingen. Du könntest sagen: "So ein Unsinn, das ist das Dümmste, was ich je gehört habe!" Aber sag so etwas nicht! Wenn das Gespräch konstruktiv sein soll, musst du auf die Bedenken eingehen, ohne dass dein Partner sich dumm fühlt, weil er dich darauf angesprochen hat.

Wenn eine Anschuldigung vorgebracht wird, reagiere eindeutig und urteile nicht. Anstatt zu sagen: „Wie kommst du auf so eine verrückte Idee?", antworte lieber: „Ich bin definitiv nicht mit jemand anderem zusammen, wenn ich in meiner Yogastunde bin!" Tauche dann tiefer in das Gespräch ein und finde heraus, wo ihr in eurer Beziehung steht.

OFFENE GESPRÄCHE KÖNNEN DIE INTIMITÄT STÄRKEN

Offene und ehrliche Gespräche über unbegründete Eifersucht können dir und deinem Partner helfen, eine noch tiefere Beziehung aufzubauen und Intimität zu entwickeln. Indem du deine Ängste und Sorgen mit deinem Partner teilst, zeigst du ihm, dass du ihm vertraust und bereit bist, dich verletzlich zu zeigen.

Wenn du diese Gespräche respektvoll und mitfühlend führst, können sie das Vertrauen zwischen euch stärken und eine stärkere emotionale Bindung aufbauen. Auf diese Weise kann Eifersucht als Katalysator für eine tiefere Intimität und eine stärkere Beziehung dienen.

WENN WORTE NICHT REICHEN: WIE IHR VERTRAUEN DURCH TATEN BEWEIST UND EURE BEZIEHUNG AUF DIE NÄCHSTE EBENE BRINGT

Worte allein reichen nicht immer aus, um das Vertrauen zueinander auch zu beweisen, aufzubauen und aufrechtzuerhalten. Den Worten müssen Taten folgen!

Wenn einer verspricht, auf jeden Fall anzurufen, wenn es doch später werden sollte, und nach wie vor sein Handy aus hat, beeinträchtigt dieses Verhalten das Vertrauen – insbesondere, wenn dies der Auslöser für Eifersucht war.

Beide Partner müssen zu ihren Versprechen stehen und die Verantwortung für das übernehmen, was sie vorher gesagt haben. Sonst werden die Worte in Frage gestellt und das Drama beginnt von vorne.

HANDLE TÄGLICH, UM DAS VERTRAUEN ZU STÄRKEN

Nicht nur große Gesten sind wichtig, auch tägliche Handlungen wie das Mitteilen von Gedanken und Gefühlen. Letztlich wird es das Vertrauen ineinander stärken und jeder weiß, dass er sich absolut auf den anderen verlassen kann.
Es braucht Zeit und Geduld, um das Vertrauen wiederherzustellen, aber es lohnt sich, wenn du eine glückliche und gesunde Beziehung haben möchtest.

ARBEITE AN DEM ZIEL

Wenn ihr ein gemeinsames Ziel gesetzt habt, dann zeig deinem Partner, dass du es auch wirklich ernst damit meinst, und arbeite daran. Wenn ihr vereinbart habt, dass ihr euch mehr Zeit füreinander nehmt, dann erstelle einen Plan, der diesen Vereinbarungen entspricht, und halte diesen auch ein, ohne eine Ausrede zu finden.

IMPULS:

Bekämpfe Eifersucht mit offener Kommunikation, Vertrauen und konsequenten Taten. Fokussiere dich auf die positiven Aspekte deiner Beziehung.

5.

KRISENBEWÄLTIGUNG IN DER BEZIEHUNG

WENN DER HAUSSEGEN SCHIEF HÄNGT UND WIE MAN IHN WIEDER GERADERÜCKT

In turbulenten Zeiten kann es passieren, dass der Haussegen schief hängt und eure Beziehung in die Krise gerät. Aber damit bist du nicht allein. Fast jedes Paar erlebt Höhen und Tiefen. Die gute Nachricht ist: Sie lassen sich überwinden und können euch sogar stärker machen.

Auch wenn sich dunkle Wolken über dir auftürmen, ist es wichtig, dass du sie nicht als Zeichen für das Ende deiner Beziehung siehst, sondern als Herausforderung und Chance für Wachstum und Entwicklung. In der Krise zeigt sich die eigene Stärke und Veränderungsfähigkeit.

Ehrliche Konfrontation ist der erste Schritt. Redet miteinander, teilt eure Sorgen, Ängste und Wünsche und seid bereit, Verantwortung für euer Handeln zu übernehmen. Geht dabei immer respektvoll miteinander um.

Geduld und Vertrauen sind nicht nur in einer gut funktionierenden Beziehung wichtig, sondern auch in Krisenzeiten.

Lösungen brauchen Zeit und Raum. Es geht um kleine, aber kontinuierliche Schritte.

Es bedeutet auch Anstrengung und Arbeit von beiden, darum zu kämpfen, Engagement von beiden Partnern, die Beziehung wieder aufzubauen und schwierige Zeiten durchzustehen.

WENN DIE LIEBE AUF DÜNNEM EIS TANZT: WIE MAN GEMEINSAM DURCH STÜRMISCHE ZEITEN SCHLITTERT UND NICHT INS KALTE WASSER FÄLLT.

In einer Beziehung gibt es Momente, in denen sich Schwierigkeiten und Herausforderungen einschleichen können. Manchmal geraten wir in einen Strudel von Auseinandersetzungen und Konflikten, die das Fundament unserer Liebe erschüttern können. Es kann zu Meinungsverschiedenheiten kommen, bei denen wir uns in endlosen Diskussionen wiederfinden, ohne zu einer Lösung zu gelangen. Die Art und Weise, wie wir in solchen Momenten kommunizieren, kann zu Missverständnissen führen, so dass wir uns nicht mehr richtig verstehen und unsere Bedürfnisse nicht mehr ausreichend befriedigt werden. Manchmal vergessen wir auch, unseren Partner in den Mittelpunkt zu stellen, und vernachlässigen seine emotionalen und körperlichen Bedürfnisse. In manchen Fällen kann es sogar zu Vertrauensbrüchen kommen, sei es durch Untreue oder das Nichteinhalten von Versprechen, die das Vertrauen und die Sicherheit in der Beziehung erschüttern.

Diese Schwierigkeiten können dazu führen, dass die Liebe auf eine harte Probe gestellt wird. Die ehemals starke emotionale

Bindung scheint zu schwinden und ihr findet euch auf unsicherem Boden wieder. Es ist jedoch wichtig zu erkennen, dass diese Herausforderungen zum Leben und zur Entwicklung jeder Beziehung gehören. Sie bieten die Chance, gemeinsam zu wachsen und die Beziehung zu stärken, wenn man bereit ist, daran zu arbeiten.

DIE KRAFT DES LÄCHELNS:
Konzentriert euch bewusst darauf, freundlich zu eurem Partner zu sein und positive Energie auszustrahlen. Ein einfaches Lächeln kann Wunder wirken und eine Atmosphäre der Verbundenheit schaffen.

GEMEINSAME ABENTEUER:
Brecht aus eurem Alltag aus und probiert gemeinsam etwas Neues aus. Redet miteinander und findet gemeinsame Interessen, die euch neuen Schwung und positive Erinnerungen geben können. Vielleicht entdeckt ihr eine gemeinsame Outdoor-Aktivität, die ihr noch nie ausprobiert habt, oder ihr besucht zusammen eine spannende Veranstaltung.

ANZEICHEN EINER KRISE ERKENNEN:
Achtet auf Anzeichen einer Krise wie mangelnde Kommunikation, Streit oder das Fehlen gemeinsamer Pläne. Wenn ihr diese Anzeichen bemerkt, ist es wichtig, Maßnahmen zu ergreifen, um die Beziehung zu stärken.

OFFENE KOMMUNIKATION:
Gute Kommunikation ist die Grundlage jeder Beziehung. Sprecht offen und ehrlich über eure Gefühle, Ängste und Erfahrungen. Wenn es zu Konflikten kommt, geht ruhig in den Dialog und sprecht über die Themen, die eure Beziehung belasten.

MITGEFÜHL ZEIGEN:
In schwierigen Zeiten ist es wichtig, Mitgefühl füreinander zu haben. Vermeidet es, euch gegenseitig zu verletzen oder die Krise zu verschlimmern. Zeigt Verständnis und Ernsthaftigkeit, auch wenn die andere Seite noch nicht so weit ist.

ERINNERT EUCH AN DIE GUTEN SEITEN:
Erinnert euch an die positiven Seiten eurer Beziehung und an die Gründe, warum ihr euch einmal aufeinander eingelassen habt. Manchmal treten diese positiven Aspekte in schwierigen Zeiten in den Hintergrund. Macht euch bewusst, dass euer Partner nicht so schlecht ist, wie er in diesen Momenten erscheinen mag.

PFLEGT DIE ROMANTIK:
Pflegt die romantische Seite eurer Beziehung. Unternehmt gemeinsame Aktivitäten, geht aus und schafft besondere Momente zu zweit. Romantik hilft, die Beziehung aufrechtzuerhalten und einer Abkühlung entgegenzuwirken.

Schließlich ist es wichtig zu erkennen, dass schwierige Zeiten in einer Beziehung normal sind und Teil des gemeinsamen Wachstums sein können. Wenn ihr aktiv an eurer Kommunikation arbeitet, euch Zeit füreinander nehmt und auf euch achtet, könnt ihr gemeinsam durch diese stürmischen Zeiten schlittern, ohne ins kalte Wasser zu fallen. Es erfordert Engagement, Geduld und Verständnis, aber es gibt die Möglichkeit, aus diesen Herausforderungen gestärkt hervorzugehen und eure Liebe weiterzuentwickeln.

VOM FREMDGEHEN UND VERTRAUENSBRUCH: WARUM ES PASSIERT UND WIE DU ES SCHAFFST ZU VERZEIHEN, OHNE DEN PARTNER ZU VERGIFTEN

Untreue geschieht aus verschiedenen Gründen, aber keiner davon ist gut. Sie kann aus Egoismus, Dummheit, Selbstgefälligkeit, Ignoranz, wachsendem Schmerz, Leere oder dem Bedürfnis nach “mehr” geschehen.

Arroganz, mangelnde Selbstbeherrschung oder das Bedürfnis, sich angebetet, heldenhaft, wichtig oder mächtig zu fühlen, können ebenfalls eine Rolle spielen. Oft gibt es einen Moment, in dem die Gelegenheit zur Untreue verlockend und aufregend erscheint, als könne man ein Geheimnis bewahren und keinen Schaden anrichten.

Untreue basiert oft auf Lügen, die sich der Betreffende selbst einredet, dass es nichts bedeutet, dass niemand davon erfährt und dass es keinen Schaden anrichtet. Aber in Wirklichkeit ändert ein kleiner, dummer und opportunistischer Moment alles. Es kommt zum Zusammenprall zwischen der realen Welt mit wahrer Liebe, echten Menschen und echten Problemen, die wir alle kennen, und der verbotenen, aufregenden Welt der Versuchungen. Zuerst scheinen diese Welten getrennt zu sein, aber sie vermischen sich und verflechten sich, und danach ist die reale Welt mit ihrer wahren Liebe und ihren wahren Menschen nie mehr dieselbe.

Was auch immer der Grund für eine Affäre ist, die emotionale Belastung für die Betroffenen und die Beziehung ist brutal. Untreue stiehlt das Fundament, auf dem mindestens eine Person ihren festen, sicheren Platz in der Beziehung gefunden hat. Sie stellt alles in Frage - wer wir zu sein glauben, was wir zu haben glauben oder wonach wir streben, unsere Fähigkeit zu lieben, zu vertrauen und unser Urteilsvermögen. Sie beeinträchtigt das Selbstwertgefühl und das Zugehörigkeitsgefühl beider Partner. Dennoch bedeutet Untreue nicht zwangsläufig das Ende einer Beziehung.

WARUM IST ES ÜBERHAUPT DAZU GEKOMMEN?

Wenn Seitensprünge passieren und der Partner untreu wird, könnte es sein, dass es ein bestimmtes Bedürfnis zu befriedigen gibt. Es ist wichtig zu verstehen, dass es nicht deine Schuld ist, wenn dein Partner dich betrügt. Es kann viele Gründe geben, warum Menschen untreu werden, und es liegt nicht an dir oder deinem Wert als Partner.

Es kann sein, dass dein Partner ein Gefühl des Mangels hat, ohne genau zu wissen, was ihm fehlt. Es kann auch sein, dass es in eurer Beziehung an Offenheit und Kommunikation über unerfüllte Bedürfnisse mangelt.

ABER WAS TUN, WENN DAS VERTRAUEN ZERSTÖRT IST?
Heilung beginnt mit echtem Bedauern und Reue. Es ist wichtig, dass die Person, die die Affäre hatte, die Verantwortung für ihr Handeln übernimmt, sowohl für den Schaden und den Schmerz, den die Affäre verursacht hat, als auch für den Beginn der Affäre selbst. Die Verpflichtung, die Beziehung zu schützen und die Affäre loszulassen, ist entscheidend für den Heilungsprozess.

WAS MUSS DIE PERSON TUN, DIE DAS VERTRAUEN GEBROCHEN HAT?

VERANTWORTUNG
Die Person, die das Vertrauen gebrochen hat, muss die Verantwortung für ihr Handeln übernehmen und den Schaden anerkennen, den sie angerichtet hat. Sie muss echtes Bedauern und Reue für das Geschehene zeigen.

EHRLICHKEIT UND TRANSPARENZ
Es ist absolut notwendig, ehrlich und transparent über die Angelegenheit zu sprechen. Informationen und Gründe dürfen nicht zurückgehalten werden und Lügen, um die Situation zu beschönigen, sind nicht angebracht. Offene Kommunikation ist der Schlüssel zur Wiederherstellung von Vertrauen.

VERÄNDERUNG UND ENGAGEMENT
Es ist wichtig zu zeigen, dass man bereit ist, an sich und der Beziehung zu arbeiten und dies auch in Taten umzusetzen. Dies beinhaltet

- Selbstreflexion und Selbstentwicklung: Bereitschaft, Verhaltensmuster zu reflektieren und anzupassen.

IN ZEITEN DER
KRISE WIRD EINE
BEZIEHUNG AUF DIE PROBE
GESTELLT. DOCH WER
ZUSAMMENHÄLT UND GEMEINSAM
KÄMPFT, WIRD GESTÄRKT
DARAUS HERVORGEHEN.

- WILLIAM SHAKESPEARE

- Offene Kommunikation: Ehrlichkeit über die Motive der Untreue und Beantwortung von Fragen.

- Verpflichtung zur Treue: Klare Grenzen setzen und Versuchungen vermeiden.

- Geduld und Unterstützung: Einfühlungsvermögen für den Partner zeigen und bei Bedarf Unterstützung anbieten.

- Vertrauensbildung: Kontinuierliches Bemühen, Vertrauen durch konsequentes Verhalten wiederherzustellen.

Diese Schritte sind entscheidend, um die Beziehung nach einer Affäre wieder aufzubauen. Es erfordert Arbeit, Ehrlichkeit und Geduld, aber mit Engagement kann das Vertrauen wiederhergestellt werden.

WAS IST FÜR DEN ANDEREN PARTNER (DEN BETROGENEN) ZU TUN?

ACHTE AUF DICH SELBST UND SUCHE DIR UNTERSTÜTZUNG.

Wenn dein Partner dich betrogen hat, bist du natürlich sehr verletzt und fühlst dich unsicher und voller Zweifel. Es ist wichtig, dass du dich selbst schützt und deine eigene emotionale Gesundheit an die erste Stelle setzt. Nimm dir Zeit zum Meditieren, Nachdenken, Entspannen und suche dir Unterstützung in der Familie, bei Freunden oder bei einem Therapeuten.

OFFENE GESPRÄCHE

Kommuniziere ehrlich und klar mit deinem Partner. Sprich

offen über deine Gefühle, Ängste und Erwartungen. Sag ihm, was du von ihm brauchst, um wieder Vertrauen aufzubauen und die Beziehung fortzusetzen. Dabei sind Authentizität, Ehrlichkeit und Loyalität von entscheidender Bedeutung. Es ist wichtig, dass ihr euch gegenseitig zuhört und versucht, die Perspektive des anderen zu verstehen.

KLARE GRENZEN

Es ist ebenfalls entscheidend, klare Grenzen zu definieren. Entscheide, was du akzeptieren kannst und was nicht. Teile diese Grenzen mit deinem Partner und erwarte, dass sie respektiert werden. Gemeinsame Vereinbarungen, wie regelmäßige Updates oder eine transparente Handhabung von Passwörtern und Informationen, können hilfreich sein, um das Vertrauen wiederherzustellen.

DEM PARTNER EINE CHANCE GEBEN

Gib deinem Partner die Möglichkeit, das Vertrauen durch Verhaltensänderungen und die Erfüllung seiner Verpflichtungen wiederherzustellen. Vertrauenswürdiges Verhalten und konsequentes Handeln über einen längeren Zeitraum können dazu beitragen, das Vertrauen schrittweise wiederherzustellen. Es ist wichtig, Geduld miteinander zu haben und Verständnis für die Gefühle und Bedürfnisse des anderen aufzubringen.

NIMM DIR ZEIT FÜR DEINE GEFÜHLE

Erlaube dir, deine Gefühle zu spüren und zu verarbeiten. Es fühlt sich vielleicht an, als ob man in einen Strudel von Emotionen gezogen wird - Wut, Traurigkeit, Enttäuschung, Verwirrung. Aber weißt du was? Es ist okay, all diese Gefühle zu haben. Es ist okay, verletzt zu sein. Es ist okay, sich Zeit zu nehmen, um herauszufinden, was du wirklich willst.

Um dabei Unterstützung zu bieten, gibt es hier einige Reflexionsfragen. Sie sollen dabei helfen, Klarheit in das emotionale Chaos zu bringen, und zu einer Entscheidung beitragen, ob und wie es mit der Beziehung weitergehen kann. Aber denk dran: Es gibt kein Richtig oder Falsch. Jede Beziehung ist einzigartig und letztendlich liegt die Entscheidung bei dir.

ALSO, ATME TIEF DURCH, MACH ES DIR BEQUEM UND BEGINNE MIT EINER REFLEXION!

Kann ich meinem Partner vergeben und das Geschehene hinter mir lassen?

Hat mein Partner Bedauern gezeigt und ist er bereit, Verantwortung für seine Handlungen zu übernehmen?

Gibt es noch genug Liebe und Respekt zwischen uns, um die Beziehung fortzusetzen?

Welche Faktoren haben zu dem Seitensprung geführt und wie können wir diese in der Zukunft vermeiden?

Sind wir beide bereit, an der Beziehung zu arbeiten und notwendige Veränderungen vorzunehmen?

Hat mein Partner Schritte unternommen, um zu beweisen, dass er sich ändern und treu bleiben kann?

Gibt es einen gemeinsamen Wunsch, die Beziehung zu retten und aus dieser Krise gestärkt hervorzugehen?

Sind wir beide offen für Paartherapie oder ähnliche professionelle Hilfe, um uns bei diesem Prozess zu unterstützen?

Wie hat diese Erfahrung unser Verständnis von Vertrauen und Treue verändert und wie können wir diese Erkenntnisse nutzen, um unsere Beziehung zu stärken?

____

____

Können wir uns eine gemeinsame Zukunft vorstellen, in der wir uns beide sicher und geliebt fühlen?

____

____

Nimm dir die Zeit, die du brauchst, um dich zu erholen und wieder Vertrauen zu fassen.

SEI OFFEN FÜR VERGEBUNG UND VERÄNDERUNG

Wenn du dich entscheidest, die Beziehung fortzusetzen, sei offen für Vergebung und Veränderung. Gib deinem Partner die Möglichkeit, sich zu beweisen und wieder Vertrauen aufzubauen. Arbeite gemeinsam an der Beziehung, wobei klare Kommunikation und Transparenz wichtige Grundlagen sind.

Letztendlich ist es deine Entscheidung, ob die Beziehung weitergeht oder nicht. Höre auf deine Intuition und achte auf deine eigenen Bedürfnisse und Gefühle. Es kann hilfreich sein, professionelle Unterstützung in Anspruch zu nehmen, um die Entscheidungsfindung zu erleichtern und den Heilungsprozess zu unterstützen.

GESTÄRKT AUS DER KRISE - AUS SCHADEN KLUG WERDEN: WIE MAN GESTÄRKT AUS EINER KRISE HERVORGEHT UND SICH NEU VERLIEBT

Die schmerzliche Erfahrung der Untreue hat euch beide tief geprägt. Ihr habt erkannt, warum es so weit kommen konnte und welche Fehler dazu geführt haben. Diese Erkenntnis kann eine starke Motivation sein, eure Beziehung neu zu überdenken und gemeinsam an ihrer Heilung zu arbeiten.

Es gibt keine einfache Lösung, denn die Wiederherstellung der Beziehung braucht Zeit und Hingabe. Aber durch den Schmerz und die Reue habt ihr erkannt, wie wichtig es ist, offen und ehrlich miteinander umzugehen, um solche Situationen in Zukunft zu vermeiden.

Wenn eure Liebe zueinander stark und aufrichtig ist, könnt ihr diese Krise gemeinsam meistern und gestärkt daraus hervorgehen. Vielleicht sind Veränderungen nötig, um gemeinsame Grenzen und Verpflichtungen zu definieren. Ihr habt die Möglichkeit, aus der Routine des Alltags auszubrechen und neue Abenteuer zu entdecken, um eine tiefere Bindung aufzubauen. Neben dem Alltag können auch individuelle Bedürfnisse, emotionale Distanz oder mangelnde Intimität Gründe für die Affäre sein. Wenn ihr diese Aspekte erkennt und gemeinsam daran arbeitet, könnt ihr eine neue Ebene der Verbundenheit erreichen.

Der Weg der Heilung mag schwierig sein, aber wenn ihr euch bewusst dafür entscheidet, euch wieder zu lieben, könnt ihr gestärkt aus dieser Krise hervorgehen. Mögen eure Liebe und euer gegenseitiges Verständnis euch durch diese schwierige Zeit führen und euch zu einer noch tieferen und bedeutungsvolleren Beziehung führen.

Haltet an der Hoffnung fest und vertraut darauf, dass ihr durch diese Erfahrung stärker und weiser werdet. Mit Geduld, gegenseitiger Unterstützung und der festen Absicht, euch wieder zu vereinen, könnt ihr eure Beziehung wieder aufbauen und eine gemeinsame Zukunft gestalten, in der ihr euch wieder ineinander verliebt.

DIE 4 APOKALYPTISCHEN REITER - WENN BEZIEHUNGEN ZU ZERSTÖRERISCHEN KRÄFTEN WERDEN

Eine Beziehung kann manchmal wie eine Reise mit Hindernissen und Herausforderungen sein. In diesem Zusammenhang können die vier apokalyptischen Reiter eine Rolle spielen. Diese metaphorischen Reiter stehen für Kommunikationsmuster, die in einer Partnerschaft auftreten und zu Spannungen und Problemen führen können. Um diese Hürden zu überwinden, ist es wichtig, die Gegenmittel zu verstehen und aktiv an der Verbesserung der Kommunikation zu arbeiten.

DER ERSTE APOKALYPTISCHE REITER: KRITIK

Der erste Reiter, Kritik, zeigt sich, wenn Beschwerden gegenüber dem Partner in negativer Weise geäußert werden. Anstatt das eigentliche Problem anzusprechen, wird es mit dem Charakter des Partners in Verbindung gebracht, was zu Vorwürfen und Angriffen führt.

Ein Gegenmittel gegen Kritik besteht darin, das Problem

behutsam anzusprechen und die eigenen Bedürfnisse klar zu kommunizieren, ohne den Partner anzugreifen. Indem man Kritik in eine konstruktive und nicht angreifende Form umwandelt, öffnet man den Partner für Veränderungen und fördert einen offenen Dialog.

DER ZWEITE APOKALYPTISCHE REITER: ABWEHR

Der zweite Reiter, die Verteidigung, tritt auf, wenn man sich in die Ecke gedrängt oder persönlich angegriffen fühlt. In solchen Situationen reagieren manche Menschen mit einem Gegenangriff, indem sie den Partner beschuldigen oder Vorwürfe an ihn zurückgeben. Eine andere Möglichkeit besteht darin, sich als unschuldiges Opfer darzustellen und jegliche Verantwortung von sich zu weisen.

Das Gegenmittel zur Defensive ist, Verantwortung zu übernehmen und zuzuhören. Indem man zeigt, dass man die Anliegen des Partners ernst nimmt und bereit ist, sein Verhalten zu ändern. Damit kann man die Situation entschärfen und zu einem konstruktiven Dialog kommen.

DER DRITTE APOKALYPTISCHE REITER: VERACHTUNG

Der dritte Reiter, die Verachtung, ist einer der gefährlichsten und giftigsten Begleiter in einer Beziehung. Es ist ein Gefühl der Überlegenheit, das mit der Zeit wächst und dazu führen kann, sich über den Partner zu erheben und abfällige Bemerkungen zu machen. Geringschätzung kann die Beziehung ernsthaft schädigen.

Das Gegenmittel besteht darin, eine Kultur der Wertschätzung aufzubauen und sich auf die positiven Eigenschaften des Partners zu konzentrieren. Das Bewusstmachen der guten Seiten des Partners und das Ausdrücken von Wertschätzung können Gedanken der Verachtung reduzieren. Dies erfordert Achtsamkeit und die bewusste Entscheidung, nach dem Positiven zu suchen.

DER VIERTE APOKALYPTISCHE REITER: VERSCHLOSSENHEIT

Der vierte Reiter, das Verschließen, tritt auf, wenn man körperlich anwesend ist, aber verbal und mental abschaltet. Dies geschieht häufig, wenn man sich emotional überfordert fühlt und keine angemessene Form der Kommunikation findet. Sich zu verschließen verstärkt oft Konflikte und führt zur Eskalation der Situation.

Das Gegenmittel besteht darin, die eigenen Grenzen zu erkennen und eine Pause einzulegen, um sich zu beruhigen. Indem man dem Partner mitteilt, dass man eine kurze Pause braucht, um sich zu sammeln, schafft man Raum für eine konstruktive Lösung. Es ist wichtig, sich bewusst zu machen, wann man auf eine Kampf- oder Fluchtreaktion zusteuert, und rechtzeitig einen Schritt zurückzutreten. Während dieser Pause kann man seine Emotionen beruhigen, die Herzfrequenz senken und zu einer logischeren Denkweise gelangen. So ist man bereit für ein produktives Gespräch mit dem Partner.

KEINE ANGST HABEN UND MUSTER ÜBERWINDEN

Es ist verständlich, dass die Vorstellung von den vier apokalyptischen Reitern beängstigend sein kann, denn niemand möchte seine Beziehung als apokalyptisch betrachten. Es ist jedoch wichtig zu erkennen, dass diese Muster überwunden werden können, wenn beide Partner bereit sind, daran zu arbeiten und sich gleichermaßen anzustrengen. Gegenseitige Liebe und der aufrichtige Wunsch, an der Beziehung zu arbeiten, sind entscheidend.

Es ist jedoch wichtig, sich daran zu erinnern, dass jeder Mensch das Recht auf eine glückliche, gesunde und unbelastete Partnerschaft hat. Wenn die schädlichen Kommunikationsmuster zu erdrückend werden und der Partner nicht bereit ist, zu einer Lösung beizutragen, sollte man nicht zögern, die eigenen Bedürfnisse und das eigene Wohlbefinden in den Vordergrund zu stellen. Manchmal ist es notwendig, einen Schritt zurückzutreten und das Beste für sich selbst zu verfolgen, auch wenn das bedeutet, die Beziehung aufzugeben.

WENN ALLES AUSWEGLOS ERSCHEINT: WIE MAN SICH ZWISCHEN "BIS DASS DER TOD UNS SCHEIDET" UND "BIS DASS DER ANWALT UNS SCHEIDET" ENTSCHEIDET.

Es kann so schlimm sein, dass du dich am liebsten trennen würdest, weil du deiner Beziehung keine Chance mehr geben kannst. Auf der anderen Seite liebst du deinen Partner vielleicht immer noch, aber eine Beziehung auf Augenhöhe ist kaum noch möglich.

Die Beziehung kann auch durch einen Vertrauensbruch so stark beschädigt sein, dass es keinen Ausweg mehr gibt. In solchen Momenten musst du dich mit einer Frage auseinandersetzen, die deine Zukunft und dein Glück betrifft: Willst du weiterkämpfen oder ist es an der Zeit, den Schmerz und die Enttäuschung hinter dir zu lassen und eine Trennung in Betracht zu ziehen?

Es ist wichtig, dass du dich in dieser schwierigen Zeit um dich selbst kümmerst und deine eigenen Gefühle ernst nimmst. Du musst deine Gedanken und Gefühle erforschen, um herauszufinden, was das Beste für dich ist. Hier sind einige Aspekte, die du berücksichtigen solltest:

- EINFLUSS DES STRESSLEVELS: Überlege, wie dein Stresslevel deine Sicht auf die Beziehung beeinflusst und ob äußere Einflüsse zu Konflikten führen.

- BEFRIEDIGUNG EMOTIONALER BEDÜRFNISSE: Überlege, ob du emotionale Unterstützung außerhalb Beziehung suchst und ob dies Auswirkungen auf deine Beziehung hat.

- STÄRKUNG IN DER BEZIEHUNG: Überlege, ob du dich in der Beziehung gestärkt fühlst und ob dein Partner dich in deinen Zielen unterstützt.

- VERSTÄNDNIS DER GRUNDWERTE: Überlege, ob ihr die Grundwerte des anderen respektiert und ob es grundlegende Unterschiede gibt, die eure Beziehung belasten.

- RESPEKT UND SELBSTVERWIRKLICHUNG: Achte darauf, ob dein Partner deine Werte und deine Persönlichkeit respektiert oder ob er versucht, dich zu verändern.

- KOMPROMISSE UND GLEICHHEIT: Überprüfe, ob es eine ausgewogene Kompromissbereitschaft gibt und ob beide Partner gleichberechtigt aufeinander zugehen.

- KOMMUNIKATION UND KONFLIKTLÖSUNG: Achte darauf,

ob ihr offen miteinander kommuniziert und Konflikte konstruktiv lösen könnt.

- MISSHANDLUNG: Stelle sicher, dass körperliche oder emotionale Misshandlung niemals toleriert wird, und suche bei Bedarf Unterstützung.

- RESPEKT IN DER BEZIEHUNG: Überprüfe, ob es in eurer Beziehung Respekt gibt und ob ihr eure Meinungen, Grenzen und Bedürfnisse gegenseitig anerkennt.

- BEREITSCHAFT, AN DER EHE ZU ARBEITEN: Überlege, ob du bereit bist, an deiner Beziehung zu arbeiten und die notwendigen Anstrengungen zu unternehmen, um sie zu verbessern.

Abschließend ist es wichtig zu betonen, dass diese Fragen als Anhaltspunkte und nicht als endgültige Entscheidungshilfe gedacht sind. Es ist ratsam, professionelle Hilfe in Anspruch zu nehmen, wenn man sich in einer schwierigen Situation befindet und Unterstützung bei der Entscheidungsfindung benötigt. Eine Paartherapie kann helfen, die Kommunikation zu verbessern und Lösungen für bestehende Probleme zu finden.

KRISENFESTIGKEIT TRAINIEREN

Lass uns gemeinsam deine Krisenfestigkeit trainieren! Diese Tipps sollen dir und deinem Partner helfen, euch auf schwierige Zeiten vorzubereiten und gestärkt daraus hervorzugehen. Indem ihr diese Übungen in euer Leben integriert, könnt ihr eure Fähigkeit stärken, Herausforderungen als Team zu meistern. Lasst uns also loslegen und eure Beziehung zu einer wahren Festung machen, die jede Krise locker wegsteckt!

KOMMUNIKATION:
Macht aus eurem wöchentlichen Gesprächsabend ein gemütliches “Couch-Date”, bei dem ihr euch mit eurer Lieblingspizza verwöhnt und über eure Gefühle und Bedürfnisse plaudert.

VERSTÄNDNIS UND EMPATHIE: Spielt das “Rollenwechsel-Spiel”, bei dem ihr euch gegenseitig in die Rolle des anderen versetzt und eurem Partner einen lustigen Monolog über euren stressigen Tag liefert. Das bringt euch nicht nur zum Lachen, sondern hilft auch, Empathie und Verständnis füreinander zu entwickeln.

GEMEINSAME ZIELE:
Gestaltet eine “Vision Board”-Party, bei der ihr eure gemeinsamen Ziele visualisiert. Lasst eurer Kreativität freien Lauf, indem ihr Bilder, Zitate und Reisebroschüren ausschneidet und auf einem gemeinsamen Poster zusammenstellt.

FLEXIBILITÄT UND ANPASSUNGSFÄHIGKEIT:
Macht aus unerwarteten Veränderungen ein kleines Abenteuer. Wenn sich eure Pläne ändern, überrascht euch gegenseitig mit einer spontanen “Überraschungsdate-Nacht” und

findet gemeinsam neue Wege, um die Situation zu genießen.

UNTERSTÜTZUNG:
Holt euch den “Unterstützungspokal” ins Haus, den ihr abwechselnd an denjenigen verleiht, der in einer schwierigen Zeit Unterstützung benötigt. Der Pokal kann lustig gestaltet sein und symbolisiert eure Bereitschaft, füreinander da zu sein.

ZEIT FÜR EUCH SELBST:
Nehmt euch ein “Wellness-Duell” vor, bei dem ihr euch gegenseitig mit entspannenden Aktivitäten überrascht. Ob ein entspannendes Bad, eine Massage oder ein Nachmittag im Lieblingscafé – ihr könnt euch selbst verwöhnen und danach eure Erfahrungen teilen.

GEMEINSAME AKTIVITÄTEN:
Organisiert einen “Kochwettbewerb”, bei dem ihr euch gegenseitig in der Küche herausfordert und neue Rezepte ausprobiert. Das gemeinsame Kochen macht Spaß und schafft eine gemeinsame Erinnerung.

GEMEINSAME RITUALE:
Rituale verbinden – genießt gemeinsame Frühstücke oder schaut euch am Abend zusammen einen Film auf der Couch an. Auch jährliche Rituale können Momente der Nähe und gemeinsamer Erinnerungen schaffen, die eure Beziehung bereichern und aufrechterhalten.

Dies sind natürlich nur ein paar Tipps, die ihr je nach Bedürfnissen und Situation anpassen könnt. Das Ziel sollte sein, im Vorfeld bereits auf eine gewisse Krisenfestigkeit vorbereitet zu sein, um schwierige Zeiten erfolgreich zu meistern.

KONFLIKTLÖSUNG: DIE R.E.S.T METHODE ZUR STÄRKUNG DER BEZIEHUNG

Konflikte sind in jeder Beziehung unvermeidbar. Sie können jedoch konstruktiv genutzt werden, um das Verständnis und die Nähe zwischen den Partnern zu verbessern, wenn sie richtig gelöst werden. Eine Methode, die dabei helfen kann, ist die **R.E.S.T-Methode**. Die Abkürzung steht für Recognize, Express, Seek, and Transform.

ERKENNEN: Der erste Schritt zur Konfliktlösung besteht darin, das Problem zu erkennen und anzuerkennen. Es ist wichtig, die Situation objektiv zu beurteilen und zu verstehen, wie jeder Partner den Konflikt wahrnimmt.

AUSDRÜCKEN: Jeder Partner sollte seine Gefühle, Bedürfnisse und Sorgen ausdrücken, ohne den anderen zu beschuldigen oder zu kritisieren. Dieser Schritt erfordert aktives Zuhören und Einfühlungsvermögen.

SUCHEN: Nachdem die Gefühle zum Ausdruck gebracht worden sind, sollte gemeinsam nach Lösungen gesucht werden, die für beide Seiten akzeptabel sind.

TRANSFORMIEREN: Schließlich sollte die Konfliktsituation genutzt werden, um die Beziehung zu stärken und zu verbessern. Dies kann durch das Erlernen neuer Kommunikationstechniken, das Verstehen der Bedürfnisse des anderen oder das Entwickeln neuer Wege der Zusammenarbeit geschehen.

IDENTIFIZIERE DIE SITUATION: Wähle eine aktuelle oder vergangene Konfliktsituation in deiner Beziehung aus. Beschreibe die Situation aus deiner Sicht.

DRÜCKE GEFÜHLE AUS : Sprich offen über deine Gefühle und Bedürfnisse in Bezug auf die Situation. Vermeide Schuldzuweisungen und bleib bei deiner eigenen Perspektive ("Ich fühle..." statt "Du machst...").

HÖRE AKTIV ZU: Während dein Partner spricht, hör ihm aktiv zu. Versuche, seine Gefühle und Bedürfnisse zu verstehen, ohne ihn zu unterbrechen oder zu bewerten.

SUCHE NACH LÖSUNGEN: Nachdem beide Partner ihre Gefühle ausgedrückt haben, diskutiert gemeinsam mögliche Lösungen. Versucht, eine für beide Seiten akzeptable Lösung zu finden.

UMSETZUNG UND REFLEXION: Setzt die vereinbarte Lösung um. Nach einiger Zeit wird gemeinsam reflektiert, wie die Lösung funktioniert hat und ob sie zu einer Verbesserung der Situation geführt hat.

Diese Übung kann immer wieder durchgeführt werden, um die Konfliktlösungskompetenz in der Beziehung zu stärken. Es ist wichtig, auch in Konfliktsituationen respektvoll und einfühlsam zu bleiben.

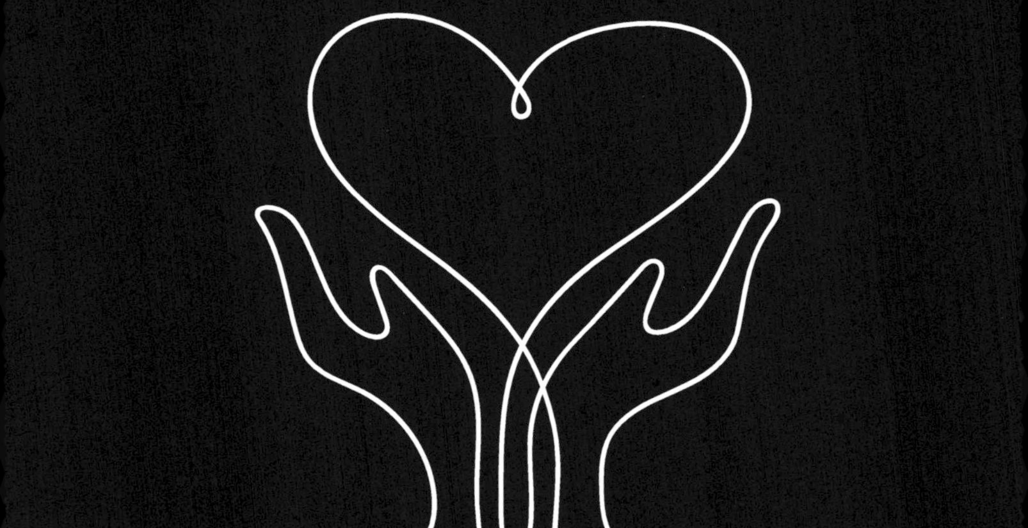

6.

LIEBE DICH SELBST

DIE KRAFT DER SELBSTLIEBE: WIE SIE DICH UND DEINE BEZIEHUNG STÄRKT

Liebe dich selbst - ein Punkt, der oft vernachlässigt wird, aber für eine glückliche Beziehung unerlässlich ist. Denn bevor du jemanden lieben kannst, musst du dich selbst lieben. Selbstliebe bedeutet, sich so zu akzeptieren und zu respektieren, wie man ist. Es bedeutet auch, seine eigenen Bedürfnisse zu erkennen und dafür zu sorgen, dass sie erfüllt werden. Selbstliebe ist nicht egozentrisch, sondern ein wichtiger Beitrag zur persönlichen Entwicklung und zum Wohlbefinden.

In diesem Kapitel werden wir uns damit beschäftigen, wie wir Selbstliebe praktizieren und gleichzeitig unsere Beziehungen stärken können. Wir sehen uns die Stolpersteine auf dem Weg dorthin an und geben dir Tipps und Tricks, wie du die sechs Säulen des Selbstwertgefühls stärken und dich selbst lieben kannst. Denn letztendlich bringst du immer auch dich selbst mit in die Beziehung und es ist wichtig, dass du dich selbst in Ordnung bringst, bevor du dein persönliches Chaos auf deinen Partner überträgst.

DU BIST WUNDERBAR! WARUM SELBSTLIEBE DIE BASIS FÜR EINE GLÜCKLICHE BEZIEHUNG IST

Selbstliebe ist die Grundlage für eine glückliche Beziehung, denn wenn man sich selbst nicht liebt und schätzt, ist es schwierig, eine dauerhaft erfüllende Partnerschaft zu führen. Wer sich selbst nicht annehmen und lieben kann, kann auch keine Liebe von anderen annehmen.

Das bedeutet, nicht nur die eigenen Stärken, sondern auch die Schwächen zu kennen und zu akzeptieren, aber auch, auf sich selbst zu achten und die eigenen Bedürfnisse wahrzunehmen, um ein glückliches und erfülltes Leben zu führen.

Eine Beziehung kann aber nur gelingen, wenn beide in der Lage sind, ihre eigenen Bedürfnisse wahrzunehmen und zu befriedigen, bevor eine tiefe Bindung entsteht. Wird dies vernachlässigt, kann es zu Frustration und Groll kommen, die die Beziehung belasten.

Arbeite daran, dich selbst zu lieben, denn du bist einzigartig und jeder hat das Recht, für sich selbst zu sorgen und seine eigenen Bedürfnisse zu befriedigen. Wenn du deine Wünsche erkennst und dich selbst akzeptierst, bist du auch in der Lage, Liebe zu geben und eine erfüllende Beziehung zu führen.

STOLPERSTEINE? NICHT MIT MIR! WIE DU DIE 4 GRÖSSTEN HINDERNISSE AUF DEM WEG ZUR SELBSTLIEBE ELEGANT UMGEHEN KANNST

Es ist leicht, sich einen Wellnesstag zu gönnen oder im Restaurant sein Lieblingsessen zu bestellen, aber Selbstliebe ist mehr. Sie erfordert Zeit und Mühe. Dazu gehört, dass du über das Negative und das Positive in deinem Leben nachdenkst.

Du musst dich selbst offen und ehrlich betrachten und proaktiv mit dir selbst umgehen.

DEFINIERE DEINE KONFLIKTE MIT DIR SELBST

Bevor du mit diesem ersten Schritt beginnen kannst, musst du akzeptieren, dass du verletzlich bist. Es ist wichtig, dass du dir erlaubst, deine Schwächen und Wunden zu erkennen und zu akzeptieren. Nur so kannst du beginnen, dich selbst zu heilen. Versuche, ehrlich und transparent mit dir selbst zu sein, um herauszufinden, wo genau deine inneren Konflikte liegen.

Sei liebevoll und verzeih dir alles, was du als Defizit empfindest, und setze dir realistische Ziele, um dein Leben zu verbessern. Dazu gehört auch zu erkennen, wie du dich manchmal selbst sabotierst.

Denke an das letzte Mal zurück, als du dir selbst geschadet hast, z. B. durch Selbstkritik, Selbstsabotage oder indem du deine Selbstfürsorge vernachlässigt hast. Nimm dir Zeit, alles aufzuschreiben. Mindmapping kann ein effektives Werkzeug sein, um deine Gedanken und Erfahrungen in Bezug auf Selbstliebe und Beziehungen zu reflektieren.

Hier ist eine Schritt-für-Schritt-Anleitung, wie du eine Mindmap zu diesem speziellen Thema erstellen kannst:

Beginne in der Mitte: Schreibe oder zeichne das Hauptthema in die Mitte deines Blattes. Das ist der Kern deiner Mindmap.

Zeichne Hauptäste: Zeichne Linien oder "Äste", die von deinem zentralen Punkt ausgehen. Das können Themen wie "Ursachen", "Gefühle", "Auslöser" und "Folgen" sein.

Bilde Unterzweige: Bilde für jeden Hauptgedanken zusätzliche Zweige für spezifischere Gedanken oder Details. Zum Beispiel könnte der Zweig "Ursachen" weitere Zweige wie "Selbstkritik", "Beziehungsprobleme" oder "Stress" haben.

Benutze Schlüsselwörter und Bilder: Verwende kurze Wörter oder Phrasen statt langer Sätze, um deine Gedanken auszudrücken. Bilder und Symbole können auch helfen, bestimmte Ideen hervorzuheben und deine Mindmap visuell ansprechender zu gestalten.

Konfrontiere die negativen Gedanken: Versuche, für jeden negativen Gedanken oder jede negative Situation, die du identifiziert hast, einen Zweig zu erstellen, der Strategien für Selbstliebe und positive Bewältigung darstellt. Dies könnte Dinge wie "Atemübungen", "positive Affirmationen" oder "Zeit für mich selbst" beinhalten.

Verbinde und verknüpfe die Ideen: Verwende Pfeile oder Linien, um Beziehungen zwischen verschiedenen Ideen aufzuzeigen. Zum Beispiel kannst du eine Verbindung zwischen "Selbstkritik" und "positiven Affirmationen" herstellen, um zu zeigen, wie das eine das andere bekämpfen kann.

MIT DER INNEREN STIMME ARBEITEN

Stehe zu deiner negativen inneren Stimme, indem du achtsam bist, wenn du Negativität spürst. Anstatt sie zu ignorieren, fordere sie heraus und finde heraus, woher diese verletzenden Gedanken kommen. Frage dich, was du brauchst, wenn du schlecht über dich denkst. Vielleicht ist es nur eine Art Schutzmechanismus für etwas, das du in deinem Leben wirklich willst.

JEDER VERDIENT ES, GUT BEHANDELT ZU WERDEN, AUCH DU!

Höre dir genau zu, was du zu dir selbst sagst und wie hart du mit dir ins Gericht gehst. Stell dir vor, ein guter Freund würde so mit dir reden. Würdest du das zulassen? Wahrscheinlich nicht. Lerne, mit dir wie mit deinem besten Freund zu sprechen. Sei liebevoll zu dir selbst, anstatt dich herunterzuziehen. Erkenne deine Stärken und konzentriere dich auf deinen Fortschritt. Jeder verdient es, gut behandelt zu werden, auch du!

INTEGRIERE POSITIVE HANDLUNGEN UND AFFIRMATIONEN

Um deine Selbstliebe zu fördern, ist es wichtig, positive Gewohnheiten in deinen Alltag zu integrieren. Finde Dinge, die dich glücklich machen und dich positiv beeinflussen, und plane Zeit dafür ein. Das kann etwas so Einfaches sein wie ein Spaziergang in der Natur oder das Lesen eines guten Buches, das dir gefällt.

www.mirell.at

Positive Affirmationen können dir helfen, dich selbst zu lieben. Sage dir mehrmals täglich: „Ich bin wertvoll“ oder „So wie ich bin, bin ich gut“. Durch regelmäßiges Wiederholen verinnerlichen sich diese Gedanken und verändern die Art und Weise, wie du über dich selbst denkst. Arbeite an deinem Selbstwertgefühl und es wird sich nicht nur in deiner Beziehung, sondern auch in allen anderen Bereichen deines Lebens positiv auswirken.

VERSUCHE NICHT, PERFEKT ZU SEIN

Vielleicht hast du das Bedürfnis, perfekt zu sein und deine Fehler zu verstecken. Dies kann zu einem ungesunden Streben nach Perfektion führen, das letztendlich Unzufriedenheit und Frustration hervorruft. Um dies zu überwinden, ist es wichtig zu wissen, dass Fehler gemacht werden, um daraus zu lernen und zu wachsen. Setz dir realistische Ziele, die du erreichen kannst, und freu dich über deine Fortschritte und Erfolge.

Es kann auch sein, dass du dich nicht schön genug findest und dich nicht wohl in deiner Haut fühlst. Um dieses Hindernis zu überwinden, ist es wichtig, dass du dich auf die positiven Seiten deines Körpers konzentrierst und dich so akzeptierst, wie du bist. Du kannst auch versuchen, durch gesunde Ernährung und Sport etwas für deinen Körper zu tun. Denke immer daran, dass niemand perfekt und jeder Mensch einzigartig ist.

Eine nützliche Übung, um die Konzepte, die in diesen Abschnitten vorgestellt wurden, in die Praxis umzusetzen, könnte ein "Tagebuch der Selbstliebe" sein. In diesem Tagebuch schreibst du jeden Tag mindestens eine Sache auf, die du an dir magst. Das können dein Aussehen, deine Persönlichkeit, deine Fähigkeiten oder deine Erfolge sein. Versuche, jedes Mal etwas Neues zu entdecken, anstatt immer nur das Gleiche zu wiederholen. Wenn du selbstkritisch bist, lese deine früheren Einträge, um dich an deine vielen guten Eigenschaften und Qualitäten zu erinnern. Notiere auch deine Fortschritte und

Erfolge, ob groß oder klein, und schreibe deine Fehler oder Misserfolge auf. Konzentriere dich dabei darauf, was du aus diesen Situationen gelernt hast und wie du daran gewachsen bist, anstatt dich selbst zu kritisieren. Diese Übung hilft dir, dich auf deine positiven Seiten zu konzentrieren, dein Streben nach Perfektion zu reduzieren und dein Selbstwertgefühl zu stärken.

DU BRINGST IMMER DICH SELBST MIT IN DIE BEZIEHUNG – SELBSTERKENNTNIS IST DER ERSTE WEG ZUR BESSERUNG

In eine Beziehung bringen wir alle unser eigenes Gepäck mit. Wir sind wie Koffer voller Krimskrams, den wir immer mit in die Beziehung schleppen. Aber manchmal ist es schwer zu erkennen, dass unser Gepäck das Problem ist, wenn es zu Konflikten oder Unstimmigkeiten kommt. Die Wahrheit ist, dass wir oft unbewusst unsere eigenen Unsicherheiten, Ängste und ungelösten Probleme mit in die Beziehung bringen.

Das Geheimrezept für eine harmonische Beziehung ist, erst einmal das eigene Chaos zu ordnen, bevor man es dem Partner aufbürdet. Wenn wir uns selbst besser kennen und unsere eigenen emotionalen Auslöser erkennen, können wir besser verstehen, wie wir uns in der Beziehung verhalten und wie wir unseren Partner beeinflussen. Dies ist der erste Schritt, um das Muster negativer Interaktionen zu durchbrechen.

Selbsterkenntnis ist der Schlüssel zur Besserung. Wenn du dein eigenes Verhalten und deine Gedanken reflektierst, kannst du deine eigene Rolle in der Beziehung besser verstehen und dich darauf konzentrieren, deine eigenen Schwächen

"LIEBE DICH SELBST,
DENN DU BIST DER EINZIGE
MENSCH, DEN DU FÜR
DEIN GANZES LEBEN
BEGLEITEN WIRST."

- OSCAR WILDE

zu verbessern. Wenn du an deiner persönlichen Entwicklung arbeitest, kann deine Beziehung wie ein gut gestimmtes Orchester harmonieren. Das bedeutet nicht, dass dein Partner perfekt ist oder dass alle Probleme in der Beziehung deine Schuld sind. Aber es bedeutet, dass du die Kontrolle über deine eigenen Handlungen und Gedanken hast und dass du das Potenzial hast, die Beziehung zu verbessern, indem du an dir arbeitest.

Also öffne deinen Koffer und sortiere das Durcheinander aus. Nimm dir Zeit, dich selbst kennenzulernen und dein eigenes Gepäck zu verstehen. Auf diese Weise kannst du nicht nur deine Beziehung verbessern, sondern auch deine eigene Zufriedenheit und dein Glück steigern.

ERKENNE DICH SELBST

Es gibt diverse Techniken, die du ausprobieren kannst, um ein besseres Verständnis von dir selbst und deinen Beziehungen zu erlangen:

SELBSTREFLEXION:
Nimm dir Zeit, um über deine vergangenen Beziehungen nachzudenken und zu verstehen, welche Muster sich in deinem Verhalten und deinen Entscheidungen wiederholen. Finde heraus, welche Eigenschaften deiner Persönlichkeit in deine Beziehungen einfließen und ob diese zu Konflikten oder Missverständnissen führen können.

ACHTSAMKEIT:
Versuche, im Moment präsent zu sein, während du mit deinem Partner sprichst, und höre aufmerksam zu, anstatt bere-

its über deine Antwort nachzudenken. Achtsamkeit hilft, bewusster zu handeln und zu erkennen, wie man auf bestimmte Situationen in einer Beziehung reagiert.

VERANTWORTUNG ÜBERNEHMEN:
Wenn es in einer Beziehung Probleme gibt, ist es leicht, mit dem Finger auf den Partner zu zeigen und ihn für alles verantwortlich zu machen. Stattdessen ist es wichtig, die Verantwortung für die eigenen Entscheidungen und das eigene Verhalten in der Beziehung zu übernehmen.

HOL DIR FEEDBACK:
Bitte deinen Partner oder eine Person deines Vertrauens um Feedback zu deinem Verhalten und deiner Rolle in der Beziehung. Höre aktiv zu und versuche, aus dem Feedback zu lernen.

ERKENNE DEINE BEDÜRFNISSE UND ERFÜLLE SIE: WARUM ES WICHTIG IST, AUF SICH SELBST ZU ACHTEN!
Für eine gesunde Beziehung ist es wichtig, auf sich selbst zu achten und seine eigenen Wünsche zu erfüllen. Wenn du sie ignorierst oder aufschiebst, kann das zu Frustration, Enttäuschung und sogar Unzufriedenheit in deiner Beziehung führen. Wenn du deine Bedürfnisse erkennst, wirst du zufriedener und selbstbewusster und kannst dich in deiner Beziehung besser ausdrücken. Eine Möglichkeit ist, auf deine Gefühle zu achten. Wenn du dich unglücklich, vernachlässigt oder frustriert fühlst, kann das ein Zeichen dafür sein, dass deine Bedürfnisse nicht erfüllt werden. Nimm dir Zeit, um herauszufinden, was genau du brauchst, um dich besser zu fühlen, sei es mehr Zeit für dich selbst, mehr Zuneigung oder bessere Kommunikation. (Siehe hierzu beispielsweise die Übung auf den Seiten 32-33.)

Sei aber auch realistisch in deinen Erwartungen. Niemand kann alle deine Wünsche erfüllen und es ist wichtig, dass du Kompromisse eingehst. Kommunikation ist das A und O. Sprich mit deinem Partner über deine Bedürfnisse und Wünsche und findet gemeinsam ein Gleichgewicht.

Letztendlich geht es darum, gut für sich selbst zu sorgen, um eine gesunde und erfüllende Beziehung führen zu können. Du verdienst es, dass deine Bedürfnisse erfüllt werden, und es ist in Ordnung, dafür zu kämpfen.

6 SÄULEN DES SELBSTWERTGEFÜHLS: DIE SÄULEN DES ICH-BIN-GENUG-GEFÜHLS.

Hier findest du eine prägnante Übersicht über sechs zentrale Prinzipien der Selbstliebe, die maßgeblich dein Selbstwertgefühl und damit dein Wohlbefinden und deine Lebensqualität beeinflussen.

SELBSTAKZEPTANZ: Akzeptiere dich so, wie du bist, einschließlich deiner Schwächen und Fehler. Erkenne, dass du nicht perfekt bist und das in Ordnung ist. Selbstakzeptanz fördert Vertrauen und Intimität in Beziehungen.

SELBSTVERANTWORTUNG: Übernehme Verantwortung für dein Leben und dein Wohlergehen. Du musst Entscheidungen treffen und Verantwortung für die Konsequenzen deiner Handlungen übernehmen. Dies stärkt dein Selbstwertgefühl.

SELBSTVERTRAUEN: Sei dir deiner Stärken und Fähigkeiten bewusst. Anerkenne und wertschätze deine Fähigkeiten und

Leistungen. Selbstvertrauen hilft dir, für dich selbst einzustehen und Grenzen zu setzen in Beziehungen.

SELBSTACHTUNG: Respektiere dich selbst und behandele dich als wertvolles Wesen. Du bist es wert, gut behandelt zu werden. Selbstachtung führt zu Achtung des Partners in Beziehungen.

SELBSTFÜRSORGE: Kümmere dich um dich selbst, nimm dir Zeit für Entspannung und Erholung. Selbstpflege stärkt dein Selbstwertgefühl und fördert eine zufriedene Beziehung.

SELBSTWAHRNEHMUNG: Verstehe dich selbst, nimm deine Gefühle und Bedürfnisse wahr. Durch ein gutes Verständnis deiner selbst und deiner Bedürfnisse kannst du dein Selbstwertgefühl stärken und in Beziehungen besser kommunizieren.

ACHTSAMKEITS-CHALLENGE ZUM DOWNLOAD: Um alte Muster durchbrechen zu können, ist ein kleines bisschen Durchhaltevermögen gefragt. Mit der 4 Wochen Achtsamkeits-Challenge bist du auf einem guten Weg neue Routinen zu integrieren.

www.mirell.at

STRATEGIEN FÜR DIE PRAKTISCHE ANWENDUNG:

- Nimm dir bewusst Zeit für dich selbst, wenn du gestresst oder überfordert bist. Das kann bedeuten, dass du ein entspannendes Bad nimmst, ein gutes Buch liest oder einen Spaziergang in der Natur machst.

- Finde eine Aktivität, die dir Freude bereitet, wie Joggen, Yoga oder Tanzen, und baue sie regelmäßig in deinen Tagesablauf ein.

- Achte auf eine ausgewogene Ernährung und ausreichend Schlaf, da sie wichtig für deine körperliche und geistige Gesundheit sind.

- Setze klare Grenzen und lerne, "Nein" zu sagen, wenn du merkst, dass du überfordert bist oder deine Energie erschöpft ist.

- Pflege deine sozialen Beziehungen und verbringe Zeit mit Freunden und Familie, die dich unterstützen und dir guttun.

7.

SEXUALITÄT & INTIMITÄT

DER SPASSFAKTOR IM BETT UND DARÜBER HINAUS

Intimität ist ein wesentlicher Bestandteil einer erfüllten Beziehung. Es geht darum, eine tiefe emotionale Bindung aufzubauen, offen über Gedanken und Gefühle zu sprechen und sich geliebt und angenommen zu fühlen. Der Aufbau von Intimität erfordert Geduld und Anstrengung, kann aber einer der lohnendsten Aspekte einer Beziehung sein. Intimität kann nicht nur sexuell erlebt werden, sondern auch intellektuell, in der Freizeit, finanziell, spirituell, kreativ und in Krisenzeiten. Sex kann ein wichtiger Aspekt von Intimität sein, aber es geht nicht nur darum. Es geht auch darum, Liebe und Zuneigung auf andere Weise zu teilen, und um andere Formen körperlicher Intimität. In den folgenden Unterkapiteln werden wir uns mit sexuellen Problemen in Beziehungen beschäftigen und Wege aufzeigen, wie Paare ihre Intimität pflegen und stärken können.

VON SCHMETTERLINGEN IM BAUCH BIS ZUM HÖHEPUNKT: WARUM SEXUALITÄT WICHTIG FÜR EINE ERFÜLLTE BEZIEHUNG IST

Die Liebe hat viele Facetten, aber eine der wichtigsten ist zweifellos die Sexualität. Sie bringt uns nicht nur körperlich, sondern auch emotional und seelisch einander näher. Von den Schmetterlingen im Bauch bis zum ultimativen Höhepunkt spielt die Sexualität eine wichtige Rolle in jeder erfüllten Beziehung.

Das gemeinsame Erforschen sexueller Wünsche und Bedürfnisse schafft eine tiefe Verbindung zwischen zwei Menschen. Es geht darum, sich einander zu öffnen und zu vertrauen, um die intime Seite der eigenen Persönlichkeit zu entdecken. Es ist eine Gelegenheit, sich gegenseitig zu entdecken, zu verwöhnen und sich körperlich zu zeigen, was der andere für einen bedeutet.

Sexuelle Intimität geht jedoch über das Körperliche hinaus. Sexualität ist auch eine Möglichkeit, sich emotional anzunähern, Vertrauen aufzubauen und eine gemeinsame Basis zu finden. Die körperliche und emotionale Nähe, die durch sexuelle Aktivitäten entsteht, stärkt die Bindung zwischen den Partnern und fördert die gegenseitige Unterstützung in anderen Lebensbereichen.

WENN DIE LUST SCHLÄFT: SEXUELLE PROBLEME IN DER PARTNERSCHAFT LÖSEN

Sexualität spielt in Beziehungen eine wichtige Rolle und ist ein wesentlicher Bestandteil von Intimität. Es kann jedoch vorkommen, dass die Lust mit der Zeit nachlässt oder dass bestimmte Probleme in der Beziehung die Sexualität beeinflussen. Das so genannte Panda-Syndrom beschreibt eine Situation, in der die Partner lieber kuscheln und Zärtlichkeiten austauschen, als Leidenschaft und Sexualität zu erleben.

Es ist wichtig zu verstehen, dass dieses Syndrom oft das Ergebnis von stressigen Lebenssituationen, körperlichen oder emotionalen Problemen oder anderen Faktoren sein kann, die die sexuelle Anziehung beeinträchtigen. Es ist aber auch möglich, dass es das Ergebnis von Kommunikationsproblemen zwischen den Partnern ist oder dass einer der Partner nicht in der Lage ist, sich sexuell zu öffnen. In solchen Situationen ist es wichtig, dass die Partner offen und ehrlich miteinander kommunizieren, um die zugrunde liegenden Probleme zu verstehen und Lösungen zu finden. Es kann hilfreich sein, ein vertrauensvolles und unterstützendes Umfeld zu schaffen, in dem beide Partner ihre Bedürfnisse und Wünsche äußern können.

WIE KANN ICH DIE SEXUELLE VERBINDUNG WIEDERHERSTELLEN?

In einer Beziehung kann es manchmal schwierig sein, die Leidenschaft aufrechtzuerhalten. Aber es gibt Hoffnung! Eine Möglichkeit, das Feuer der Liebe wieder zu entfachen, ist die Kommunikation. Öffne dich deinem Partner und sprich mit ihm über deine Wünsche, Fantasien und Bedürfnisse. Nur so kann dein Partner verstehen, was dich erregt und was du brauchst. Das mag am Anfang unangenehm sein, aber es lohnt sich, denn es kann die Beziehung auf eine neue Ebene heben.

Denk auch daran, dass Intimität nicht nur Sex bedeutet. Sie umfasst auch Momente der Nähe und Verbundenheit, die außerhalb des Schlafzimmers stattfinden. Einfache Gesten wie Kuscheln, Küssen und Komplimente austauschen können die Intimität in einer Beziehung enorm stärken. Sie zeigen dem Partner, dass man ihn schätzt und liebt.

In einer Welt, in der wir ständig von Technologie und Stress umgeben sind, ist es besonders wichtig, sich bewusst Zeit für solche Momente zu nehmen. Reduziere den Stress in deinem Leben, indem du weniger Zeit mit Technologie verbringst und früher zu Bett gehst. Wenn du Zeit mit deinem Partner verbringst, vermeide Ablenkungen.

Außerdem solltest du bereit sein, Zeit und Energie in eure Beziehung zu investieren. Es ist wichtig, dass ihr euch regelmäßig Zeit füreinander nehmt und intime Momente miteinander verbringt. Das kann bedeuten, dass ihr euch einen festen Abend in der Woche reserviert, an dem ihr euch ausschließlich einander widmet und gemeinsam etwas unternehmt. Es gibt viele Ideen für Aktivitäten, die ihr gemeinsam ausprobieren könnt, um eure Intimität zu stärken. Hier sind einige Beispiele:

- Nehmt an einem Paartanzkurs teil.
- Kocht zusammen ein besonderes Abendessen.
- Verbringt Zeit in der Natur.
- Treibt zusammen Sport.
- Verbringt einen Abend in einem Spa.

Weitere Date-Ideen findest du in Kapitel 9 ab Seite 167)

Um das sexuelle Verlangen zu steigern, ist es auch wichtig, dass du dich attraktiv fühlst. Achte auf dein Körperbild und sorge dafür, dass du dich in deiner Haut wohlfühlst. Auch hier kann eine offene Kommunikation mit deinem Partner helfen.

Denke auch an den Anfang eurer Beziehung zurück. Was hast du damals getan, um deinen Partner zu überraschen? Vielleicht entdeckst du hier ein paar spannende Impulse, die du wieder in eure Beziehung einfließen lassen kannst. Nimm dir einen Moment Zeit und überlege, wie du diese besonderen Erinnerungen wieder aufleben lassen kannst. Denn manchmal reicht es schon aus, diese Gesten aus der Vergangenheit wieder aufleben zu lassen, um eine kraftvolle Erinnerung an die

Liebe und Verbundenheit zu wecken, die ihr einst miteinander erlebt habt. Dies kann dazu beitragen, das Feuer der Leidenschaft in eurer Beziehung neu zu entfachen und eure Bindung zu stärken.

Und vergiss nicht: Sex sollte kein Muss sein. Wichtig ist, dass du ein Interesse daran hast. Sei offen und neugierig auf deine eigenen sexuellen Vorlieben und die deines Partners. Vielleicht entdeckst du dabei etwas Neues und Aufregendes, das deine Lust neu entfacht.

AKTIVE SCHRITTE ZUR VERWIRKLICHUNG

Um die in diesem Kapitel besprochenen Ideen in die Tat umzusetzen und eure sexuelle Intimität zu stärken, hier einige Übungen, die ihr gemeinsam ausprobieren könnt:

OFFENE KOMMUNIKATION: Setzt euch zusammen und führt ein offenes Gespräch über eure sexuellen Wünsche, Fantasien und Bedürfnisse. Nehmt euch Zeit, um einander zuzuhören und euch gegenseitig zu unterstützen. Schafft ein sicheres und vertrauensvolles Umfeld, in dem ihr euch frei äußern könnt.

SINNLICHE BERÜHRUNGEN: Nehmt euch bewusst Zeit füreinander und verwöhnt euch mit sinnlichen Berührungen. Dabei geht es nicht in erster Linie um sexuelle Stimulation, sondern um das Erleben von Nähe und Verbundenheit. Streichelt euch sanft, massiert euch gegenseitig oder haltet euch einfach fest. Das kann helfen, eine intime Atmosphäre zu schaffen und die körperliche Verbundenheit zu stärken.

ROMANTISCHE GESTEN: Überrascht euch gegenseitig mit kleinen romantischen Gesten im Alltag. Schreibt liebevolle

Nachrichten oder Briefe, bereitet ein romantisches Abendessen vor oder plant einen Überraschungsausflug. Diese Gesten zeigen eure Wertschätzung und Zuneigung füreinander.

ZEIT FÜR INTIMITÄT: Plant regelmäßig Zeit füreinander ein, um intime Momente zu genießen. Das kann ein gemeinsamer Spaziergang sein, eine entspannende Massage oder ein gemeinsames Bad. Schafft bewusst Zeit und Raum für körperliche Nähe und Zärtlichkeit.

NEUE ERFAHRUNGEN: Probiert gemeinsam neue sexuelle Erfahrungen aus. Das können neue Stellungen, Rollenspiele oder der Besuch eines Erotikshops sein. Entdeckt gemeinsam Neues und erweitert euren sexuellen Horizont.

SINNLICHKEIT IM ALLTAG: Intimität beschränkt sich nicht nur auf das Schlafzimmer. Achtet darauf, auch im Alltag sinnliche Momente zu schaffen. Das können zärtliche Berührungen, Küsse oder das Austauschen von Komplimenten sein. Zeigt einander eure Zuneigung und Liebe in kleinen Gesten.

EROTISCHE FANTASIEN TEILEN: Nehmt euch Zeit, um eure erotischen Fantasien miteinander zu teilen. Dies schafft nicht nur eine offene Atmosphäre des Vertrauens, sondern kann auch neue aufregende Möglichkeiten für euer sexuelles Erleben eröffnen. Geht behutsam vor und respektiert die Grenzen eures Partners.

EROTISCHE SPIELE SPIELEN: Entdeckt gemeinsam erotische Spiele, die euch erlauben, spielerisch eure sexuelle Intimität zu erkunden. Das kann von Karten- oder Brettspielen bis hin zu erotischen Würfelspielen reichen. Lasst eurer Fantasie freien Lauf und genießt die aufregende und lustvolle Atmosphäre, die dabei entsteht.

love

love

8.

DIE LIEBE & DAS GELD

GEMEINSAM IN FINANZIELLE SICHERHEIT: WIE LIEBE UND GELD HARMONIEREN KÖNNEN

Glaubst du, dass die Kombination von Geld und Beziehung ein Rezept für eine Katastrophe ist? Keine Sorge, damit bist du nicht allein. Geld ist das Thema, über das sich Paare am häufigsten streiten, und nach Untreue der zweithäufigste Scheidungsgrund. Wenn es in einer Beziehung um Geld geht, sind Frustrationen und Spannungen vorprogrammiert.

Unabhängig davon, wie sehr man seinen Partner liebt, kann es eine holprige (aber dennoch schöne!) Fahrt sein, „das Geld" zusammenzubringen. Schließlich haben wir alle unterschiedliche Lebenserfahrungen und unterschiedliche Vorstellungen davon, wie wir unser Geld verwalten wollen. Deshalb kann es vorkommen, dass wir zwei sehr unterschiedliche Ansichten über Geld haben.

Aber mit der richtigen Einstellung und Strategie können Finanzen auch eine Chance sein, als Paar zu wachsen und eine starke finanzielle Zukunft aufzubauen.

MEINS, DEINS, UNSERES. „SCHATZ, WER ZAHLT HEUTE?“

Sicher kennt ihr diese Situation: Ihr sitzt zusammen im Restaurant und wollt bezahlen. Aber wer zahlt heute die Rechnung? Du oder dein Partner? Oder solltet ihr sie euch vielleicht sogar teilen? Die Geldfrage kann in einer Beziehung manchmal ziemlich kompliziert werden.

ES GIBT EINIGE LÖSUNGEN, WIE IHR DIESE HERAUSFORDERUNG MEISTERN KÖNNT:

EINIGT EUCH AUF EINEN GEMEINSAMEN HAUSHALTSTOPF:
Legt gemeinsam einen bestimmten Betrag fest, den ihr monatlich für eure gemeinsamen Ausgaben zur Verfügung habt. So könnt ihr sicherstellen, dass ihr euch beide gerecht an den Kosten beteiligt und es keine Missverständnisse gibt.

TEILT EUCH DIE KOSTEN:
Es kann auch funktionieren, wenn ihr die Kosten für eure gemeinsamen Ausgaben aufteilt. Vielleicht zahlt einer von euch die Miete und der andere die Lebensmittel. Wichtig ist, dass ihr euch auf eine faire Aufteilung einigt, die für beide Partner akzeptabel ist.

ABWECHSELND ZAHLEN:
Eine andere Möglichkeit ist, dass ihr abwechselnd für eure gemeinsamen Ausgaben aufkommt. Mal zahlt der eine, mal der andere. Auch hier ist es wichtig, dass ihr eine klare Vereinbarung trefft, wer für welche Kosten aufkommt und wie ihr sicherstellt, dass es für beide fair bleibt.

GEMEINSAMES KONTO:
Jeder Partner kann ein eigenes Konto haben, auf das sein Gehalt überwiesen wird, aber es kann auch ein gemeinsames Konto geben, auf das beide einzahlen, um gemeinsame Ausgaben wie Miete, Rechnungen, Lebensmittel oder auch gemeinsame Freizeitaktivitäten zu bezahlen.

Diese Lösungen können das Thema Geld entspannen und unangenehme Situationen vermeiden. Wichtig ist, wie bei allen Unklarheiten, offen und ehrlich über die Finanzen zu sprechen und gemeinsam eine Lösung zu finden, die beide zufrieden und entspannt macht.

LIEBE ODER GELD? WIE UNTERSCHIEDLICHE FINANZPHILOSOPHIEN ZUM BEZIEHUNGS-K(R)AMPF FÜHREN KÖNNEN

Geld und Liebe sind zwei wichtige Dinge im Leben, aber was passiert, wenn sie aufeinandertreffen? Oft können unterschiedliche Finanzphilosophien zu Konflikten in Beziehungen führen. Während der eine Partner eher darauf bedacht ist, Geld zu sparen und für die Zukunft vorzusorgen, gibt der andere sein Geld gerne aus und möchte das Leben in vollen Zügen genießen.

GEIZ UND UNSICHERHEIT

Diese Unterschiede können zu Konflikten führen, die die Beziehung belasten. Beispielsweise kann es vorkommen, dass der eine Partner das Gefühl hat, der andere sei zu geizig und nicht bereit, in gemeinsame Aktivitäten zu investieren. Andererseits kann sich der Partner gestresst fühlen, wenn der andere ständig Geld ausgibt und nicht an die Zukunft denkt.

FINANZIELLE KOMMUNIKATION

Um diese Konflikte zu vermeiden, ist es wichtig, offen und ehrlich über die eigenen finanziellen Vorstellungen und Bedürfnisse zu sprechen. Beide Partner sollten ihre Ansichten und Wünsche offenlegen und versuchen, eine gemeinsame Basis zu finden. Dabei ist es wichtig, Kompromisse einzugehen und Verständnis füreinander aufzubringen.

FINANZPLAN ALS KOMMUNIKATIONSMITTEL

Manchmal sind Geldprobleme nicht das eigentliche Problem in einer Beziehung, sondern die Art und Weise, wie darüber kommuniziert wird. Wenn es keine gute Kommunikation und kein Verständnis dafür gibt, was jeder Partner will, kann es zu Konflikten kommen. Partner haben oft unterschiedliche finanzielle Gewohnheiten und es kann schwierig sein, eine gemeinsame Basis zu finden. Der Schlüssel liegt darin, zu definieren, was Geld für jeden Partner bedeutet, und dann zu diskutieren, wie die Bedürfnisse beider erfüllt werden können. Dann kann ein Plan entwickelt werden, wie viel Geld für Ausgaben benötigt wird, wie viel jeder Partner einbringt und wer für welche Ausgaben verantwortlich ist. Wichtig ist, dass der Plan schriftlich festgehalten wird und beide Partner ihn einsehen können. Schließlich sind eine wachstumsorientierte Denkweise und eine bessere Kommunikation über Liebe und Geld die Richtlinien für eine erfolgreiche Beziehung.

Insgesamt ist es wichtig zu verstehen, dass Geld ein wichtiger, aber nicht der einzige Aspekt einer Beziehung ist. Wenn beide Partner bereit sind, offen und ehrlich miteinander zu reden, Kompromisse einzugehen und gemeinsam an ihren finanziellen Zielen zu arbeiten, kann die Beziehung gestärkt werden.

BEGINNT GEMEINSAM MIT DER ERSTELLUNG EINES BASISBUDGETS, INDEM IHR EUCH ZIELE SETZT. DIESE ZIELE SOLLTEN FOLGENDERMASSEN GEGLIEDERT SEIN

- SPEZIFISCH: Beschreibt das Ziel in gut gewählten Worten, z.B.: „Wir wollen ein kleines Haus in der Toskana besitzen."

- MESSBAR: Wie bestimmen wir, ob das Ziel erreicht wurde? Wie können wir quantifizieren oder bewerten, dass das Ziel erreicht ist? z. B. "Wie viel wird es kosten?"

- ERREICHBAR: Es muss etwas sein, das ihr mit euren finanziellen Mitteln erreichen könnt. „Können wir so viel sparen, wenn wir unser derzeitiges und zukünftiges Einkommen in Betracht ziehen?"

- RELEVANT: Auch wenn es erreichbar ist, ist es in eurer Situation sinnvoll? „Worauf müssen wir verzichten und ist das in Ordnung?"

- ZEITGEBUNDEN: Euer Zeitplan zeigt euch, ob es sich um ein kurz-, mittel- oder langfristiges Ziel handelt. "Wie lange wird es dauern?"

Teilt eure finanziellen Ziele in kurz-, mittel- und langfristige Ziele ein, die sich auf die Gegenwart und die Zukunft beziehen. Eine klare Unterteilung hilft bei der Budgetplanung, beim Setzen von Prioritäten und vor allem bei der Vermeidung von Konflikten.

KURZFRISTIGE ZIELE

Kurzfristige Ziele haben in der Regel einen Zeithorizont von ein bis zwei Jahren und umfassen Dinge wie das Anlegen eines

Notgroschens für drei bis sechs Monate, das Abbezahlen von Kreditkartenschulden oder das Sparen für einen besonderen Urlaub.

MITTELFRISTIGE ZIELE

Mittelfristige Ziele können sich über einen Zeitraum von bis zu 10 Jahren erstrecken und umfassen z. B. das Sparen für eine Anzahlung auf ein Haus, die Barzahlung für ein neues Auto oder die Rückzahlung von Studienkrediten.

LANGFRISTIGE ZIELE

Langfristige Ziele sind die wichtigsten und beinhalten das Sparen für den Ruhestand. Das bedeutet, dass ihr während des größten Teils eures Arbeitslebens, das bis zu 40 Jahre oder länger dauern kann, sparen und investieren müsst.

EINEN BUDGETPLAN ERSTELLEN

Sobald ihr eure Ziele definiert habt, müsst ihr euren Budgetplan aufstellen. Schreibt zunächst eure monatlichen Einnahmen und Ausgaben auf. Achtet dabei auf alle wiederkehrenden Kosten wie Miete, Stromrechnung, Autokredit und andere monatliche Ausgaben. Wenn ihr eure Ausgaben aufschreibt, solltet ihr auch nicht lebensnotwendige Ausgaben wie Restaurantbesuche, Geschenke, Freizeitaktivitäten und Kleidung berücksichtigen. Wenn ihr alle eure Einnahmen und Ausgaben aufgelistet habt, müsst ihr sie voneinander abziehen, um euer monatliches Budget zu ermitteln.

Jetzt ist es wichtig, dass ihr beide an einem Strang zieht und euch an euren Plan haltet. Sprecht regelmäßig darüber, wie es läuft und ob Anpassungen nötig sind. Wichtig ist auch, dass ihr euch an eure Ziele haltet und keine spontanen Kaufentscheidungen trefft, die eure Budgetplanung gefährden könnten.

Sobald ihr das Gefühl habt, dass ihr den Dreh raushabt und euer Budget einhaltet, könnt ihr euch an fortgeschritteneres Budgetmanagement wagen, wie z.B. Investitionen oder Einsparungen, um bestimmte Ziele zu erreichen.

FINANZEN UND LIEBE: EINE BALANCE FINDEN

Natürlich ist Geld nicht alles im Leben und sollte auch nicht das wichtigste Element in einer Beziehung sein. Viel wichtiger ist es, sich gegenseitig zu unterstützen und zu vertrauen. Die Liebe zwischen einem Paar ist unabhängig von finanziellen Aspekten und sollte immer im Vordergrund stehen. Wenn jedoch nicht über Geldfragen gesprochen wird, kann dies auf Dauer die Beziehung belasten und zu Problemen führen. Deshalb ist es wichtig, finanzielle Fragen zu klären, ohne die Liebe und den Respekt füreinander aus den Augen zu verlieren.

9.

DATE-IDEEN & GESPRÄCHE

WENN DER ALLTAG DIE LIEBE HERAUSFORDERT: FIXE DATES ALS RETTUNGSANKER

Beziehungen sind wie Pflanzen, die ständige Pflege und Aufmerksamkeit brauchen, um zu wachsen und zu gedeihen. Doch manchmal schleicht sich der Alltag ein und wir verlieren den Blick für die kleinen, aber wichtigen Dinge, die unsere Bindung stärken. Plötzlich befinden wir uns in einem Strudel aus Verpflichtungen und Routine, und unsere einstige Leidenschaft droht zu verkümmern.

Aber keine Panik! Es gibt immer einen Weg, die Flamme der Liebe wieder zu entfachen und unsere Beziehung aufzufrischen. Und hier kommen sie ins Spiel, unsere Retter in der Not: Fixe Dates! Die Rede ist von regelmäßig geplanten Treffen, die uns helfen, dem Alltagsstress zu entfliehen und unsere Beziehung zu festigen.

Hier sind einige Ideen für Dates, die euch helfen werden, eure Beziehung zu beleben und neue gemeinsame Erlebnisse zu schaffen:

1. GEMEINSAMES KOCHEN

Nehmet euch die Zeit, zusammen ein besonderes Gericht oder eine Reihe von Gerichten zuzubereiten, die ihr beide genießt. Dies könnte auch ein perfekter Moment sein, um neue Rezepte auszuprobieren oder Gerichte anderer Kulturen kennenzulernen.

2. HEIMKINO

Wählt einen oder mehrere Filme aus, die ihr gemeinsam anschauen könnt. Es könnte ein Film sein, den ihr beide liebt, oder ein neuer, den keiner von euch bisher gesehen hat. Denkt an Popcorn und andere Snacks!

3. TANZSTUNDE

Verwandelt euer Wohnzimmer in eine Tanzfläche. Es gibt viele Online-Tutorials für verschiedene Tanzstile. Sucht euch einen Stil aus, der euch beiden Spaß macht, und legt los!

4. WELLNESS-TAG

Verwöhnt euch gegenseitig mit einer Wellness-Session zu Hause. Dies könnte Massagen, Gesichtsbehandlungen, ein entspannendes Bad und mehr beinhalten.

5. KUNSTPROJEKT

Wählt ein gemeinsames Kunstprojekt aus, das euch beide interessiert. Dies könnte Malen, Skulptur, Kollagen oder das Erneuern eines Möbelstücks bis hin zu Dekorationen für euer Zuhause sein. Teilt den kreativen Prozess und schafft zusammen etwas Schönes.

6. SPIELABEND

Sucht euch ein Brett- oder Kartenspiel aus und macht daraus einen unterhaltsamen Abend. Perfekt, um gemeinsam zu lachen und zu konkurrieren.

7. LESEKREIS

Wählt ein Buch aus, das ihr beide lesen möchtet, und verbringt Zeit damit, es zu lesen und zu diskutieren. Das kann sehr bereichernd sein und euch neue Gesprächsthemen bieten.

8. YOGA-SITZUNG

Probiert gemeinsam Yoga oder Meditation aus. Das kann helfen, Stress abzubauen und euch aufeinander und den gegenwärtigen Moment zu konzentrieren. Es gibt viele Online-Tutorials für alle Schwierigkeitsgrade.

9. HEIM-FOTOSHOOTING

Macht ein Fotoshooting zu Hause. Ihr könnt verschiedene Outfits und Hintergründe ausprobieren und die Fotos später gemeinsam bearbeiten.

10. WEINPROBE

Organisiert eine Weinprobe zu Hause. Kauft verschiedene Weine und probiert sie gemeinsam aus. Ihr könnt Notizen zu jedem Wein machen und eure Gedanken dazu austauschen.

11. THEMENABEND

Wählt ein Thema aus und plant einen Abend rund um dieses Thema. Das könnte ein Land, eine Ära, ein Film, eine Farbe oder irgendetwas anderes sein.

12. MUSIKSESSION

Wenn ihr beide Musik liebt, könnt ihr eine Musiksession veranstalten. Spielt gemeinsam Instrumente, singt oder hört einfach eure Lieblingsmusik.

13. PICKNICK IM WOHNZIMMER

Warum nicht mal ein Picknick drinnen machen? Legt eine Decke auf den Boden, bereitet Snacks und Getränke zu und genießt einen gemütlichen Tag im Wohnzimmer.

14. PUZZLENACHT

Puzzles können sehr entspannend sein und bieten eine tolle Möglichkeit, zusammenzuarbeiten. Wählt ein Puzzle aus und verbringt den Abend damit, es zusammenzusetzen.

15. BACKABEND

Backt gemeinsam Kekse, Kuchen oder Brot. Es macht Spaß und ihr könnt danach gemeinsam genießen, was ihr gebacken habt.

16. HEIM-FITNESSSTUDIO

Macht zusammen ein Workout. Es gibt viele Online-Kurse, die ihr zusammen machen könnt, oder ihr könnt euer eigenes Training erstellen.

17. GARTENARBEIT

Beschreibung: Wenn ihr einen Garten habt, könnt ihr zusammen darin arbeiten. Pflanzt Blumen, Gemüse oder Kräuter und genießt die Zeit an der frischen Luft.

18. STERNBEOBACHTUNG

Beschreibung: Macht es euch auf dem Balkon oder im Garten gemütlich und beobachtet die Sterne. Ihr könnt dabei auch etwas über Astronomie lernen.

19. GEDICHTE SCHREIBEN

Versucht, gemeinsam Gedichte zu schreiben. Ihr könnt sie für einander schreiben oder zu einem bestimmten Thema.

20. WISSENSCHAFTSEXPERIMENTE

Macht einfache Wissenschaftsexperimente zu Hause. Es gibt viele Anleitungen online für Experimente, die mit üblichen Haushaltsmaterialien durchgeführt werden können.

21. ORIGAMI

Lernt zusammen Origami. Es kann sehr beruhigend sein und ihr könnt danach die schönen Ergebnisse bewundern.

22. HEIMWERKEN

Arbeitet zusammen an einem Heimwerkerprojekt. Das könnte alles sein, von der Reparatur eines kaputten Gegenstands bis hin zum Bau eines neuen Möbelstücks.

23. MODENSCHAU

Organisiert eine kleine Modenschau zu Hause. Ihr könnt eure Kleiderschränke durchstöbern und verschiedene Outfits zusammenstellen.

24. FOTOALBUM ERSTELLEN

Geht gemeinsam durch alte Fotos und erstellt ein Fotoalbum. Das ist eine schöne Art, Erinnerungen zu teilen und zu bewahren.

25. GESCHICHTEN ERZÄHLEN

Erzählt euch gegenseitig Geschichten. Sie können real oder fiktiv sein. Das ist eine tolle Möglichkeit, eure Kreativität zu nutzen und mehr übereinander zu erfahren.

26. HEIM-BARISTA

Probiert, zu Hause verschiedene Kaffeegetränke zu machen. Ihr könnt verschiedene Brühmethoden und Kaffeesorten ausprobieren und eure eigenen Signature-Drinks kreieren.

27. GEOCACHING

Wenn ihr gerne draußen seid, könnt ihr Geocaching versuchen. Das ist eine Art Schatzsuche, bei der ihr GPS-Koordinaten verwendet, um versteckte Objekte zu finden.

28. KOCHBUCH ERSTELLEN

Sammelt eure Lieblingsrezepte und erstellt ein eigenes Kochbuch. Ihr könnt die Rezepte kategorisieren und sogar Fotos der Gerichte hinzufügen.

29. VOGELBEOBACHTUNG

Wenn ihr einen Garten oder einen Balkon habt, könnt ihr Vögel beobachten. Versucht, die verschiedenen Arten zu identifizieren und mehr über sie zu lernen.

30. GARTENPICKNICK

Wenn das Wetter schön ist, könnt ihr ein Picknick im Garten machen. Bereitet leckeres Essen vor und genießt die Sonne.

31. GARTENSPIELE

Wenn ihr einen Garten habt, könnt ihr verschiedene Spiele spielen, wie Badminton, Frisbee etc. Das ist eine tolle Möglichkeit, draußen aktiv zu sein und Spaß zu haben.

32. FOTO-SCAVENGER HUNT

Erstellt eine Liste von Dingen oder Orten in eurer Nähe, die ihr fotografieren müsst. Geht dann auf eine Scavenger Hunt und versucht, alle Punkte auf eurer Liste zu "finden" und zu fotografieren.

34. SPRACHE LERNEN

Wählt eine Sprache, die ihr beide lernen möchtet, und fangt an, sie gemeinsam zu studieren. Ihr könnt Apps, Bücher oder Online-Kurse verwenden.

35. SPAZIERGANG IN DER NATUR

Macht einen Spaziergang in einem nahegelegenen Park oder Wald. Das ist eine gute Möglichkeit, frische Luft zu bekommen und die Schönheit der Natur zu genießen.

36. VIRTUELLES MUSEUM

Viele Museen bieten virtuelle Touren an. Ihr könnt Kunst, Geschichte und mehr von zu Hause aus erkunden.

37. GEMEINSAMES FRÜHSTÜCK IM BETT

Bereitet ein leckeres Frühstück vor und genießt es gemeinsam im Bett. Das ist eine schöne Möglichkeit, den Tag entspannt zu beginnen.

Es ist wichtig zu bedenken, dass das Wichtigste bei all diesen Aktivitäten ist, Zeit miteinander zu verbringen und sich aufeinander zu konzentrieren. Es geht darum, Spaß zu haben und eure Beziehung zu stärken, unabhängig von der spezifischen Aktivität, die ihr wählt.

UNTERHALTUNGEN IN INTENSIVE MOMENTE VERWANDELN

Drehen sich eure abendlichen Gespräche hauptsächlich um die Kinder, die Arbeit oder die täglichen Pflichten? Damit seid ihr nicht allein, denn vielen Paaren geht es ähnlich, besonders wenn Kinder im Spiel sind. Oft werden die Abendstunden zur Routine statt zu spannenden Momenten. Obwohl es wichtig ist, über diese Themen zu sprechen, ist es auch wichtig, andere Gesprächsthemen zu finden. Sonst werden eure Gespräche zu Geschäftsbesprechungen und fühlen sich eher wie eine Verpflichtung an.

Hier beginnt die Veränderung: In diesem Abschnitt findest du inspirierende Vorschläge, wie du deine Unterhaltungen wieder mit Leben und Spannung füllen kannst.

PERSÖNLICHES WACHSTUM UND ENTWICKLUNG

Was ist dein größter Lebenstraum und warum?

Was würdest du tun, wenn du keine Angst hättest?

Welche Lektion hast du erst spät im Leben gelernt?

Was ist dein Lieblingszitat oder Lebensmotto und warum?

Was ist eine Sache, die du an dir selbst ändern möchtest und warum?

BEZIEHUNG

Was ist deine schönste Erinnerung an uns?

Was schätzt du besonders an unserer Beziehung?

Welche Herausforderung haben wir als Paar gut gemeistert?

Wie können wir unsere Beziehung weiter verbessern?

Was ist eine gemeinsame Aktivität, die du gerne öfter mit mir machen würdest?

ERINNERUNGEN UND VERGANGENHEIT

Was war dein Lieblingsurlaub und warum?

Was war das Verrückteste, was du jemals getan hast?

Welcher Moment aus deiner Kindheit hat dich am meisten geprägt?

Welches Geheimnis hast du noch nie jemandem erzählt?

Was war dein glücklichster Moment im Leben?

ZUKUNFTSVISIONEN

Wie siehst du uns in zehn Jahren?

Wenn wir irgendwo auf der Welt leben könnten, wo wäre das?

Wie sieht dein Traumhaus aus?

Was möchtest du unbedingt einmal erleben?

Wie stellst du dir den perfekten Ruhestand vor?

INTERESSEN UND HOBBYS

Was ist dein Lieblingsbuch und warum?

Welches Hobby würdest du gerne erlernen?

Welchen Film magst du am liebsten und warum?

Welche Musikrichtung beschreibt dich am besten und warum?

Was ist dein Lieblingsgericht und warum?

PERSÖNLICHE WERTE UND ÜBERZEUGUNGEN

Was sind deine drei wichtigsten Werte im Leben?

Was ist deine Meinung zu (aktuelles politisches Thema)?

Was ist eine Überzeugung, die du hast, die andere als kontrovers sehen könnten?

Was bedeutet für dich Glück?

Was ist deiner Meinung nach der Sinn des Lebens?

GEDANKENEXPERIMENTE UND HYPOTHETISCHE FRAGEN

Wenn du einen Tag lang eine andere Person sein könntest, wer wäre das?

Wenn du eine Superkraft haben könntest, welche wäre das?

Wenn du in die Vergangenheit oder Zukunft reisen könntest, wohin würdest du gehen?

Wenn du mit einer berühmten Persönlichkeit (lebendig oder

tot) zu Abend essen könntest, wer wäre das?

Wenn du die Welt verändern könntest, was würdest du tun?

TIEFSINNIGE UND PHILOSOPHISCHE FRAGEN

Glaubst du an ein Leben nach dem Tod?

Was bedeutet für dich Erfolg?

Was hältst du von der Idee des Schicksals oder des freien Willens?

Was hältst du von der Idee der Unsterblichkeit?

Was bedeutet für dich Liebe?

ALLGEMEINE FRAGEN

Was ist dein Lieblingswitz?

Was ist das Seltsamste, was dir je passiert ist?

Wenn du ein Tier sein könntest, welches würdest du wählen und warum?

Welches Buch hast du zuletzt gelesen und wie hat es dir gefallen?

Welchen Film würdest du am liebsten immer wieder sehen?

EMOTIONEN UND GEFÜHLE

Wann hast du das letzte Mal geweint und warum?

Was macht dich wirklich glücklich?

Was ist eine Sache, die dich ängstigt?

Was macht dich richtig wütend?

Was bringt dich sofort zum Lachen?

Denke daran, dass diese Fragen nur der Einstieg in ein tiefergehendes Gespräch sind. Lass das Gespräch natürlich fließen und höre deinem Partner aktiv zu. Es geht nicht darum, alle Fragen in einer Sitzung zu stellen, sondern darum, das Gespräch auf eine tiefere Ebene zu bringen und eure Beziehung zu stärken. Es ist in Ordnung, wenn einige Fragen unbeantwortet bleiben, das Wichtigste ist, dass ihr euch beide sicher und gehört fühlt.

love

10.

SCHLUSSWORT

WIE MAN GEMEINSAM DEN BEZIEHUNGSMARATHON MEISTERT, OHNE AUS DER PUSTE ZU KOMMEN.

Gemeinsam haben wir uns auf eine Reise begeben, um die Geheimnisse einer dauerhaften Liebe und einer erfüllten Beziehung zu entdecken. Teamwork und Kommunikation sind dabei von entscheidender Bedeutung. Ihr könnt ein unschlagbares Team sein, das Hindernisse und Konflikte überwindet und sich gegenseitig unterstützt.

Indem ihr eure Gedanken, Träume und Sorgen miteinander teilt, könnt ihr eine stabile Basis aus Wertschätzung, Verständnis und Vertrauen aufbauen. Dabei ist es wichtig, auch die kleinen Dinge zu schätzen und zu pflegen. Oft sind es die kleinen Gesten, die den großen Unterschied machen, seien es liebevolle Botschaften, Überraschungen oder einfach das Wissen, dass der andere immer da ist.

Gemeinsam kann man Hindernisse überwinden, Konflikte lösen und sich gegenseitig unterstützen. Schafft eine Atmosphäre des Verständnisses und der Wertschätzung, indem ihr eure Gedanken, Träume und Sorgen teilt. Kleine Aufmerksamkeiten im Alltag lassen die Beziehung aufblühen und stärken die Bindung.

In jeder Beziehung gibt es Herausforderungen und Hindernisse, seien sie finanzieller, beruflicher oder familiärer Art. Aber diese Hindernisse können und sollen eure Beziehung stärken und nicht schwächen. Mit der richtigen Kommunikation und regelmäßigem Austausch könnt ihr auch große Schwierigkeiten meistern. Aufmerksames Zuhören und Respekt sind dabei entscheidend. Konflikte und Meinungsverschiedenheiten sind normal, aber es geht darum, einen konstruktiven Umgang damit zu finden.

Arbeitet gemeinsam an euren Zielen, Träumen und Visionen und unterstützt euch gegenseitig bei deren Verwirklichung. Bündelt eure Energien und Talente! Gleichzeitig ist es wichtig, die Balance zu halten, damit eure Beziehung nicht aus dem Gleichgewicht gerät. Lasst euch genügend Raum für eure persönliche Entwicklung und eure Interessen, ohne dabei den Kontakt zueinander zu verlieren. Respektiert die Bedürfnisse und Grenzen des anderen und lasst euch gegenseitig die nötigen Freiräume. Eine Beziehung ist kein Sprint, sondern ein Marathon, der nie endet. Es ist ein ständiger Weg des Lernens, Wachsens und Anpassens. Bleibt offen für neue Erfahrungen und Möglichkeiten, eure Partnerschaft zu verbessern. Habt Geduld und gebt nicht gleich auf, wenn es manchmal unlösbar erscheint.

In dieser sich schnell verändernden Welt ist eine liebevolle und stabile Beziehung ein wertvolles Fundament. Investiert Zeit und Aufmerksamkeit in eure Partnerschaft. Haltet das Feuer der Leidenschaft und des Respekts füreinander am Brennen. Gemeinsam könnt ihr Hindernisse überwinden und eine wunderbare Beziehung aufbauen, die ein Leben lang hält.

Lasst euch von den Herausforderungen des Lebens nicht entmutigen. Nehmt sie gemeinsam an und unterstützt euch gegenseitig. Bleibt flexibel und seid bereit, euch neuen Situationen anzupassen, denn eine Beziehung wächst und entwickelt sich ständig weiter.

Vergesst nicht, dass es auch wichtig ist, Zeit für euch als Individuen zu haben. Pflegt eure eigenen Interessen und Hobbys, um euch selbst zu verwirklichen. Je glücklicher ihr als Individuen seid, desto stärker seid ihr als Paar.

Lasst eure Liebe durch Taten sprechen. Zeigt eure Zuneigung und Wertschätzung füreinander jeden Tag aufs Neue. Kleine Gesten der Liebe und Aufmerksamkeit können eine große Wirkung haben und das Band zwischen euch stärken.

Und wenn es mal schwierig wird, habt Geduld und Verständnis füreinander. Konflikte gehören bei einer Beziehung dazu , aber sie können euch auch die Chance geben, aneinander zu wachsen und eine tiefere Verbindung aufzubauen.

Bleibt neugierig, offen und bereit, den Weg gemeinsam zu gehen. Am Ende des Tages sind es die Liebe und das Engagement füreinander, die eure Beziehung stark und erfüllend machen.

ALLES GUTE
FÜR EURE
GEMEINSAME ZUKUNFT!

URHEBERRECHT

Sämtliche Inhalte, Informationen, Strategien und Tipps in diesem Werk unterliegen dem Urheberrecht. Alle Rechte liegen beim Autor. Jegliche Form der Nachbildung, sei es durch Druck, Kopie oder jedes andere Verfahren, sowie die Speicherung, Verarbeitung, Vervielfältigung und Verbreitung mithilfe elektronischer Systeme, in Teilen oder im Ganzen, sind ohne vorherige ausdrückliche schriftliche Zustimmung des Autors strengstens untersagt. Ebenfalls vorbehalten sind alle Übersetzungsrechte. Eine Veröffentlichung der Inhalte ist in keiner Weise gestattet. Bei Nichtbeachtung dieser Bestimmungen behält sich der Autor das Recht vor, rechtliche Schritte einzuleiten.

HAFTUNGSAUSSCHLUSS

In diesem Buch wird die Thematik der Paarberatung behandelt, die im Kontext der nicht-heilkundlichen Psychologie zur Lösung und Aufarbeitung partnerschaftlicher Konflikte dient. Sie stellt keinen Ersatz für medizinische oder psychotherapeutische Behandlungen dar.

Die im Buch bereitgestellten Inhalte und Informationen dienen keinesfalls als Ersatz für professionelle medizinische oder therapeutische Beratung und Behandlung. Jeder Leser ist selbst für sein Wohlergehen und seine Gesundheitsentscheidungen verantwortlich. Bei Bedarf sollte professionelle Hilfe in Anspruch genommen werden. Die in diesem Buch präsentierten Ratschläge und Informationen dürfen nicht als Basis für gesundheitsrelevante Entscheidungen verwendet werden.

Die Anwendung der in diesem Buch vorgestellten Methoden und Konzepte geschieht auf eigene Gefahr. Der Autor übernimmt keine Haftung für mögliche negative Folgen. Jegliche Ansprüche auf Schadensersatz, gleich ob materiell oder ideell, aufgrund der Nutzung oder Nichtnutzung der bereitgestellten Informationen bzw. durch die Nutzung fehlerhafter oder unvollständiger Informationen, sind grundsätzlich ausgeschlossen.

Obwohl das Buch mit großer Sorgfalt und nach bestem Wissen erstellt wurde, übernimmt der Autor keine Gewähr für Aktualität, Vollständigkeit und Richtigkeit der Informationen. Druckfehler und Falschinformationen können nicht vollständig ausgeschlossen werden. Die im Buch verwendeten Bilder stammen von freepik.com und depositphotos.com und sind lizenzfrei. Der Autor kann keine rechtliche Verantwortung oder Haftung für fehlerhafte Angaben übernehmen.

IMPRESSUM

Deutsche Erstausgabe Juli 2023
Copyright © 2023 Elena Vogt

1. Auflage 2023
Alle Rechte vorbehalten.
Nachdruck, auch auszugsweise, nicht gestattet.

DIE AUTORIN WIRD VERTRETEN DURCH:
Mirell Verlag - Isabella Zanghellini
Talbachweg 44, 4655 Vorchdorf

KONTAKT:
buch@mirell.at

COVERGESTALTUNG/-KONZEPT & BUCHSATZ
Issedesign.at unter Verwendung von Motiven von depositphotos.com und freepik.com

Das Werk und seine Teile sind urheberrechtlich geschützt. Jede Verwertung ist ohne ausdrückliche Zustimmung des Verlages und des Autors unzulässig. Dies gilt insbesondere für die Vervielfältigung, Übersetzung, Verbreitung und öffentliche Zugänglichmachung in elektronischer oder sonstiger Form.

Verantworklich für den Druck:
Amazon Distribution GmbH

Taschenbuch: ISBN: 978-3-9519965-0-9

Printed in Poland
by Amazon Fulfillment
Poland Sp. z o.o., Wrocław

26604425R00109